GARY SMALLEY
Entdecke deinen Mann

editions TROBISCH

GARY SMALLEY

Entdecke deinen Mann

editions
TROBISCH

Published 1982 by Zondervan Corporation, Grand Rapids, Michigan, USA
Originaltitel: FOR BETTER OR FOR BEST
Übersetzt von Birgit Erfurth

hänssler-editions Trobisch
Bestell-Nr. 854061
19. Auflage 2000
ISBN 3-7751-9061-9

Titelfoto: Mauritius, Stuttgart
Umschlaggestaltung: Stefanie Bunner
Gesamtherstellung: Ebner Ulm
Printed in Germany

Inhalt

Fast schon zu spät

Ich dachte immer, ich wäre ein ganz guter Ehemann. Als ich Gary zum ersten Mal vorschlug, zusammen ein Buch zu schreiben, wußte ich nicht, worauf ich mich einließ. Bei der Beschäftigung mit dem Thema wurde mir schmerzlich bewußt, was meine Frau in den letzten zehn Jahren mitgemacht haben mußte. Jedes Kapitel überzeugte mich mehr davon, daß ich auf unzählige Arten als Ehemann versagt hatte. Zeitweise konnte ich nicht einmal mehr an dem Buch weiterarbeiten, weil meine Versäumnisse als Ehemann und Vater dadurch aufgedeckt wurden.

Ich kann aufrichtig sagen, daß durch dieses Buch der Wunsch in mir immer größer wurde, meine Frau als die kostbare und einzigartige Persönlichkeit, die sie ist, zu lieben und zu ehren. Ich hoffe, daß auch Sie aus diesem Buch die notwendige Erkenntnis und Ermutigung gewinnen werden, damit für Sie und Ihren Mann der Wunsch nach einer erfüllten Beziehung Wirklichkeit werden kann.

Steve Scott

Vorwort

Eine erfüllte Ehe ist kein Produkt des Zufalls. Sie basiert vielmehr auf bewährten Prinzipien, die für das Entstehen einer jeden herzlichen und liebevollen Beziehung unerläßlich sind. Teil I (Kap. 1 bis 6) soll Ihnen diese Prinzipien verständlicher machen und Ihnen zeigen, wie man sie ganz praktisch im täglichen Leben anwenden kann. Diese Prinzipien sind die Grundlage für eine gute Ehe.

Teil II (Kap. 7 bis 16) liefert das Material, mit dem Sie auf diese Grundlage aufbauen können. In jedem Kapitel werden spezielle Anregungen gegeben, wie Sie Ihren Mann dazu motivieren können, Sie wirklich zu lieben, so wie Sie gerne geliebt werden möchten. Die Kapitel sind in sich geschlossen, so daß man sie in beliebiger Reihenfolge lesen kann. Ihre Anordnung erfolgte danach, welchen Themen von Frauen die größte Wichtigkeit beigemessen wurde. Doch es kann sein, daß in Ihrer spezifischen Situation ein späteres Kapitel für Sie wichtiger ist als ein früheres. Um festzustellen, welche Kapitel für Sie besonders relevant sind, können Sie die nachstehenden zehn zusammenfassenden Aussagen nach ihrer relativen Bedeutung für Sie numerieren. Dann können Sie die Kapitel in der entsprechenden Reihenfolge lesen.

7. Was Sie tun können, damit Ihr Mann mehr Zeit mit Ihnen verbringen möchte.
8. Was Sie tun können, damit Ihr Mann Ihnen bereitwillig mit ungeteilter Aufmerksamkeit zuhört.
9. Was Sie tun können, damit Ihr Mann sensibel für Ihre emotionalen und romantischen Wünsche und Bedürfnisse wird.
10. Was Sie tun können, damit Ihr Mann Sie tröstet, wenn Sie niedergeschlagen sind.
11. Was Sie tun können, damit Ihr Mann Ihre Korrektur annimmt, ohne eine Defensivhaltung einzunehmen.
12. Was Sie tun können, damit Ihr Mann Sie aufrichtig schätzen und loben lernt.
13. Was Sie tun können, damit Ihr Mann Verantwortung für die Kinder übernimmt und im Haushalt hilft.

14. Was Sie tun können, damit Ihr Mann Ihre materiellen Wünsche gerne erfüllt.
15. Was Sie tun können, damit die Liebe ihres Mannes zu Ihnen vertieft wird.
16. Was Sie tun können, damit Ihr Mann Ihr bester Freund sein möchte.

Teil I

1

Eine dauerhafte Beziehung ist kein Produkt des Zufalls

Wem eine tüchtige Frau beschert ist, die ist viel edler als die köstlichsten Perlen. Sprüche 31,10

Jim starrte stumm auf den Fernsehschirm, während sich Carol, innerlich tief verwundet, fragte, warum er schon wieder wütend auf sie war. Sie waren erst seit einem Jahr verheiratet, und schon mußte Carol feststellen, daß ihre Beziehung immer schlechter wurde. Sie konnte sich des Gefühls nicht erwehren, daß sie vielleicht schon bald zu den Millionen von Paaren gehören würden, deren Ehe mit einer Scheidung endet. Als sie schließlich das Schweigen brach und Jim fragte, was denn los sei, gab er ihr keine Antwort. Nach einigen qualvollen Minuten wiederholte sie ihre Frage. Seine Antwort verletzte sie so sehr, das sie anfing, an ihrer Eignung zur Ehefrau zu zweifeln.

Er sagte: „Ich habe es gründlich satt, daß du alles so furchtbar ernst nimmst. Du bist einfach zu empfindlich. Wenn ich gewußt hätte, daß du so emotional bist, hätte ich dich wahrscheinlich gar nicht geheiratet. Aber da wir nun einmal verheiratet sind, mußt du das Deinige tun. Hör auf, immer so heftig und überempfindlich auf alles zu reagieren, was ich sage oder tue. Wenn wir überhaupt eine Ehe führen wollen, darfst du dich nicht länger so kindisch benehmen."

Kommt Ihnen das irgendwie bekannt vor? Mit diesen harten Worten legte Jim, ohne sich dessen bewußt zu sein, den Grundstein für einige sehr unerfreuliche Veränderungen in ihrer Beziehung – Veränderungen, die höchstwahrscheinlich mit einem völligen Scheitern der Beziehung enden werden.

Jims Hauptproblem, das er mit Tausenden anderer Ehemänner gemeinsam hat, liegt darin, daß er die grundlegenden Wesensunterschiede zwischen Mann und Frau nicht versteht. Jim hat zwei der größten natürlichen Stärken seiner Frau, ihre Sensibilität und ihr intuitives Erfassen der Dinge, herausgegriffen und sie als Schwächen hingestellt. Als Reaktion auf Jims Vorwürfe wird Carol, wie viele andere Ehefrauen, allmählich eine gleichgültige und verbitterte Einstellung zum Leben im allgemeinen und zu Jim im besonderen bekommen. Wenn ihre Ehe mehr als ein paar Jahre hält, wird Jim zu seiner Bestürzung feststellen müssen, daß Carol ihre Sensibilität schließlich verloren hat und daß er sich nun kaum oder gar nicht mehr zu ihr hingezogen fühlt. Wenn er sich nur daran erinnern würde, daß ihre Sensibilität mit das erste war, was sie für ihn so attraktiv machte. Wenn er nur verstehen könnte, daß diese Sensibilität eine ihrer größten Stärken ist, und wenn er ihr nur mit Zärtlichkeit, Sanftheit und Freundlichkeit begegnen würde, so könnte ihre Beziehung gefestigter und erfüllter werden.

Die emotionalen und psychischen Unterschiede zwischen Mann und Frau (siehe die ausführliche Darstellung in Kapitel 3) *können* zu einem unüberwindlichen Hindernis für eine dauerhafte und erfüllte Beziehung werden, wenn man sie ignoriert oder mißversteht. Doch wenn diese Unterschiede erkannt und richtig beurteilt werden, können sie die Entwicklung einer sinnvollen, erfüllten Beziehung entscheidend fördern.

Frauen sind z. B. in zwei der wichtigsten Bereiche des Lebens in einem großen Vorteil: in der Liebe zu Gott und in der Nächstenliebe (Matth. 22,36–40).

Frauen haben die intuitive Fähigkeit, sinnerfüllte Beziehungen zu entwickeln, und ein tiefes Bedürfnis nach enger Kommunikation. Dies verschafft ihnen einen Vorteil in dem, was Jesus als die beiden größten Gebote bezeichnete. Gott und seinen Nächsten zu lieben heißt Beziehungen herzustellen. Gott sagte, daß es nicht gut ist, wenn der Mensch allein sei, und Er schuf die Frau als Gehilfin und Ergänzung für den Mann. Ganz sicher brauchen Männer Hilfe bei der Herstellung und Aufrechterhaltung von Beziehungen, und dieses Buch möchte Anstöße dazu geben, *wie* Frauen den Männern helfen können, so daß sie auch zuhören und die Hilfe annehmen.

Wenn eine Frau ihre Stärken als solche erkennt, wird ihr Selbstwertgefühl praktisch unzerstörbar sein, wie sehr ihr Mann sie auch herabsetzen mag. Wenn Mann und Frau sich gegenseitig verstehen und anfangen, entsprechend miteinander umzugehen, kann ihre

Beziehung wachsen und zu der Ehe werden, die sie sich immer erträumt haben. Carol kann damit anfangen, Jim ihr tiefes Bedürfnis nach Liebe, Bestätigung und Sicherheit bewußt zu machen, ohne sich dabei selbstsüchtig vorzukommen, weil sie sich die Erfüllung ihrer Bedürfnisse so sehr wünscht. Doch bei dem Tempo, in dem Jims und Carols Beziehung sich verschlechtert, wird es wohl nicht mehr lange dauern, bis auch ihre Ehe so endet wie es bei über einer Million Ehen pro Jahr der Fall ist – mit Scheidung.

Aber es besteht kein Grund zur Verzweiflung! *Ihre* Ehe muß nicht so enden. Mit den richtigen Werkzeugen *können* sie eine anscheinend hoffnungslose Ehe in eine erfüllte verwandeln, und dieses Buch wird Ihnen viele dieser Werkzeuge in die Hand geben. Doch Werkzeuge allein können die Arbeit nicht verrichten. Man muß sie aufnehmen und *richtig* und *konsequent* einsetzen, um das gewünschte Ergebnis zu erhalten.

Wenn Ihr Mann bereit ist, mit Ihnen zusammenzuarbeiten, werden Sie Ihre Ehe viel schneller festigen können. Daher glaube ich, daß es am besten ist, wenn dieses Buch im Zusammenhang mit dem entsprechenden Buch für Ehemänner, „Entdecke deine Frau", benutzt wird. Wenn ein Mann die Bedürfnisse seiner Frau versteht und lernt, wie er ihnen begegnen kann, wird die Beziehung schneller wachsen können.

Wie ich bei Eheberatungsgesprächen festgestellt habe, ist es für eine Frau viel leichter, ihre Verantwortung für die Beziehung mit größerer Begeisterung und Hingabe zu übernehmen, wenn *zuerst* der Mann seinen Teil dazu beiträgt. Leider ist Frauen meist viel mehr daran gelegen, ihre eheliche Beziehung zu vertiefen. Darum wurde auch das Buch für Frauen zuerst geschrieben. Ich glaubte, daß sie größeres Interesse an der Festigung ihrer Ehe haben und daher eine Veränderung in der Beziehung in Gang setzen können.

Ich meine auch, daß Sie Ihren Mann dazu motivieren können, das Buch für Männer zu lesen, wie, zeigt Ihnen Kapitel 5.

Ich bin überzeugt davon, daß er, wenn er das Buch sorgfältig liest, allmählich erkennen wird, daß Sie wirklich etwas Besonderes sind, und er wird zärtlicher, sanfter, einfühlsamer und verständnisvoller mit Ihnen umgehen.

Wenn Ihre Beziehung zu Ihrem Mann nicht so ist, wie Sie es sich wünschen, und er nur wenig Interesse an Ihren Gefühlen zeigt, werden Sie es vielleicht anfangs schwierig finden, die in diesem Buch aufgezeigten Schritte nachzuvollziehen. Doch wenn Sie für den Augenblick über den Mangel an Beteiligung seinerseits hinwegsehen können und sich selbst um so mehr bemühen, *können* die hier dargestellten Ratschläge wirksam angewandt werden. Ich bin ganz zuversichtlich, daß Ihr Mann sich eine Verbesserung Ihrer Beziehung wünschen wird, wenn er bei Ihnen eine Veränderung bemerkt.

Während der letzten 15 Jahre habe ich mit Hunderten von verheirateten Frauen gesprochen. Es waren nur wenige darunter, die sich keine bessere Beziehung zu ihrem Mann gewünscht hätten. Zwar waren einige Frauen zufriedener als andere, aber die meisten sehnten sich nach einem liebevolleren und romantischeren Ehemann. Viele sagten, sie wünschten sich, daß ihr Mann sie mehr als irgend jemand oder irgend etwas auf der Welt liebt. Sie mögen denken: „Das ist unmöglich! Es gibt keinen Mann, der so liebt!“

Aber ich mache immer wieder die Erfahrung, daß Ehemänner zu dieser „unmöglichen“ Liebe fähig werden. Und meine Frau erlebte vor einigen Jahre, wie das Unmögliche möglich wurde.

Ein wichtiger Grund, warum Ehen scheitern

Viel zu oft heiraten Leute, ohne das notwendige Wissen und die notwendigen Fähigkeiten erworben zu haben, auf ihren Partner eingehen zu können; d. h. ohne seine emotionalen, geistigen und physischen Bedürfnisse erfüllen zu können. Welch eine Ironie, daß in unserer Gesellschaft jemand, um als Klempner arbeiten zu können, drei Jahre lang die nötigen Kenntnisse erwerben muß, für eine Ehe jedoch keinerlei Kenntnisse vorausgesetzt werden. Die Grundlage einer jeden sinnvollen Beziehung ist Kommunikation. Doch Kommunikation steht nicht auf dem Lehrplan unserer Schulen. Daher gehen viele Männer und Frauen in die Ehe, ohne zu wissen, wie sie auch nur die *grundlegendsten* emotionalen und geistigen Bedürfnisse ihres Partners erfüllen können. Und ich muß gestehen, daß ich selbst in dieser Hinsicht völlig ahnungslos war, als ich heiratete. Meine Frau Norma und meine Freunde mußten mir über viele Jahre hinweg helfen, ein liebevollerer Ehemann zu werden.

Es ist der Normalfall, daß ein Mann heiratet, ohne zu wissen, *wie* er mit seiner Frau sprechen soll. Einige Männer wissen nicht einmal, daß ihre Frau die enge Kommunikation einfach *braucht.* Oft ist sich der Mann der Sensibilität seiner Frau gar nicht bewußt. Er weiß nicht, daß Dinge, die er für nebensächlich hält, für sie äußerst wichtig sein können – Dinge wie Geburtstage, Hochzeitstage und Urlaub zum Beispiel. Er versteht nicht, warum sie für sie von Bedeutung sind, und deshalb kann er auf ihre Bedürfnisse nicht eingehen. Viele Männer verstehen den Zyklus der Frau und die damit verbundenen Hormonveränderungen überhaupt nicht. Sie können nicht nachvollziehen, wie Heim, Kinder, Familie und Freunde für die Frau zu einem engverflochtenen Teil ihrer Identität werden.

Auch viele Frauen heiraten mit vergleichsweise geringem Wissen. Sie haben keine Ahnung davon, daß für den Mann Bewunderung so wichtig ist, wie Romantik für die Frau. Sie sind sich nicht darüber im klaren, daß Männer meist mehr auf Argumente als auf intuitives Empfinden geben.

Wenn also weder Männer noch Frauen das nötige Wissen und die Fähigkeiten besitzen, auf die Bedürfnisse des anderen eingehen zu können, bleiben diese Bedürfnisse zwangsläufig unerfüllt. Einer der bedeutendsten Psychiater unserer Zeit, Dr. Carl Menninger, vertritt die Auffassung, daß wir uns in eine von zwei möglichen Richtungen bewegen, wenn unsere grundlegendsten Bedürfnisse nicht erfüllt werden. Entweder ziehen wir uns in die „Flucht" zurück oder wir gehen zum „Angriff" über. Die Frau, die die „Flucht" wählt, entgeht damit sicher nicht ihren Problemen. Wenn sie wegläuft, fängt sie an, an ihrem eigenen Wert zu zweifeln. Wenn sie andererseits den „Angriff" wählt, wird sie leicht zu einer Nörglerin, die für ihren Mann kaum noch attraktiv ist.

Ich glaube, daß eine Ehe dann ideal wird, wenn die Frau sich vorwiegend darum bemüht, die Bedürfnisse ihres Mannes zu erfüllen, und wenn der Mann sich vorwiegend darum bemüht, die Bedürfnisse seiner Frau zu erfüllen. Dieses Zusammenwirken schafft eine beglückende Beziehung auf einer beständigen Basis.

Dieses Buch soll Frauen zeigen, wie sie ihren Mann zu einer Verbesserung ihrer Beziehung motivieren können. Eine Veränderung kommt nicht über Nacht zustande, aber die beschriebenen Grundsätze haben sich im Laufe der Zeit in Tausenden von Ehen bewährt. Ich weiß, daß sie funktionieren. Wenn eine Frau bereit ist, die nötige Zeit und Energie für die Anwendung dieser Prinzipien aufzubringen, wird ihre Ehe sich bestimmt nach und nach ihren Wunschvorstellungen annähern.

Wenn jemand ein großer Maler werden will, muß er sich mit Hingabe der Malerei widmen. Zuerst muß er sich die grundlegenden Techniken und Fachkenntnisse aneignen. Wenn er dann ein paar hundert Bilder gemalt hat, kann er seine Arbeiten ausstellen und so jungen Künstlern Anregungen geben und ihnen als Vorbild dienen. Ich glaube, dieses Buch wird Ihnen viele der grundlegendsten Techniken und Kenntnisse vermitteln, damit Sie Ihre Ehe, mit ein wenig Zeit und Mühe, zu einem lebendigen Vorbild für andere machen können.

Da dieses Buch einer Vielzahl von Menschen helfen soll, sind manche der dargelegten Gedanken und Grundsätze zwangsläufig sehr allgemein gehalten. Die spezifischen Fragen einer jeden einzelnen Frau können natürlich nicht beantwortet werden, aber es wird versucht, auf die wichtigsten Aspekte von Liebe und Ehe einzugehen.

Zum Nachdenken

Warum ist eine Frau für ihren Mann so wichtig? (Siehe 1. Mose 2,18; Matt. 22,36–40)

2

Acht Beispiele, wie Männer ihre Frauen verletzen

„Und wenn er siebenmal des Tages an dir sündigen würde und siebenmal wiederkäme zu dir und spräche: Es reut mich! so sollst du ihm vergeben." Lukas 17,4

Während eines Fluges von Philadelphia nach New Orleans erwähnte ich gegenüber einer der Stewardessen, daß ich gerade an einem Buch über die Ehe arbeitete. Ich erzählte ihr, daß in einem Kapitel die Frage behandelt werden sollte, wie ein Mann eine Frau verletzt, ohne sich dessen selbst bewußt zu sein. Ehe ich mich versah, fand ich mich plötzlich in der ersten Klasse wieder, und drei Stewardessen waren dabei, mir genau zu erzählen, auf welche Weise ihre Ex-Ehemänner sie verletzt hatten. Die drei schienen sehr erstaunt darüber zu sein, daß ein Mann verstehen konnte, wie Worte und Handlungen, die ihren Ehemännern so harmlos vorgekommen waren, bei ihnen Wunden geschlagen hatten, die sie als Frauen niemals verschmerzen konnten.

Bei den meisten Ehepaaren, die zu mir zur Beratung kommen, vergeht kaum eine Woche, in der der Mann nicht irgend etwas sagt oder tut, womit er seine Frau unbeabsichtigt verletzt. Die folgenden wahren Geschichten veranschaulichen, wie Ehemänner ihre Frauen verletzen können – ohne es selbst zu merken! Doch ich habe es erlebt, wie Männer sich änderten und ihre Frauen nicht mehr verletzten, wenn diese einige der später ausführlich beschriebenen Grundsätze anwandten.

Er kritisiert häufig

Jim hatte immer etwas an Sarah auszusetzen.

Sarah war gerade in ihren neuen Badeanzug geschlüpft und konnte es kaum erwarten, an den Strand zu kommen. Es war ihr erster Urlaubstag. Da kam Jim ins Zimmer, kniff sie in die Seite und bemerkte ganz beiläufig: „Wir müssen wirklich aufpassen, daß wir in diesem Urlaub nicht zu viel essen.“ Für Jim war dies eine harmlose Bemerkung, aber für Sarah schienen diese Worte in Wirklichkeit zu sagen: „Du bist dick und häßlich.“ Die Wunde ging so tief, daß Sarah sich selbst heute noch – nach fünf Jahren und einer Scheidung – in einem Badeanzug äußerst unwohl fühlt. (Und dabei ist Sarah eine attraktive Frau mit einer guten Figur.)

Einige Wochen nach dieser Bemerkung beschloß Sarah, etwas für ihre schlanke Linie zu tun. Sie meinte, Eislaufen würde ihr die nötige körperliche Bewegung verschaffen. Als sie Jim von ihrem Plan erzählte, sagte er sarkastisch: „Was hast du vor? Willst du Olympiameisterin werden?“ Für sie sagte er damit in Wirklichkeit: „Kaum zu glauben, auf was für ‚Schnapsideen‘ du kommst! Dafür Geld auszugeben, wäre reine Verschwendung.“

Jim hatte sie nicht nur auf ihre Gewichtsproblem aufmerksam gemacht, sondern sie auch dafür kritisiert, daß sie etwas dagegen unternehmen wollte. Obwohl er sich dessen nicht bewußt war, hatte Jim an fast allem, was Sarah sagte oder tat, etwas auszusetzen. Er dachte, er könnte sie durch sarkastische Bemerkungen dazu bringen, sich zu ändern. Doch da eine Frau von Natur aus nicht hart und gefühllos ist, wird sie durch verletzende Kritik selten dazu motiviert, sich zu ändern.

Für gewöhnlich wird sie dadurch nur noch verzweifelter, und das führt schließlich dazu, daß sie immer weniger Wert darauf legt, ihrem Mann zu gefallen. In den Kapiteln 10 und 12 wird aufgezeigt, wie Sie Ihren Mann dazu motivieren können, nicht ständig zu kritisieren, sondern Anerkennung und Dankbarkeit zu zeigen.

Er interessiert sich nicht für Ihre Worte und Gedanken

Um Harrys ungeteilte Aufmerksamkeit zu bekommen, hätte Julia sich durch einen Zaubertrick in eine Fernsehsendung verwandeln müssen.

Es war 11 Uhr nachts, als Susan, im Halbschlaf, den Telefonhörer abnahm. Über die Leitung hörte sie das Schluchzen ihrer Mutter, die Tausende von Kilometern entfernt wohnte. „Was ist denn los, Mutti?“

Ihre Mutter antwortete: „Ich muß deinem Vater einen neuen Farbfernseher kaufen.“

Inzwischen war Susan hellwach und fragte: „Was ist denn passiert?“

„Seit Wochen bemühe ich mich darum, daß dein Vater mir zuhört. Wenigstens so lange, daß ich ihm erklären kann, daß deine kleine Schwester ein schwieriges Problem hat. Schließlich wurde es mir zuviel. Ich nahm einen Hammer, ging ins Wohnzimmer, trat zwischen ihn und den Fernseher und zertrümmerte mit einem Schlag den Bildschirm!“

„Mutti, der Fernseher hätte explodieren und dich verletzen können.“

„Ich weiß, aber das war mir egal. Ich wollte nur, daß dein Vater mir zuhört. Weißt du, was er tat?“

„Was denn?“

„Du wirst es kaum glauben. Er stand einfach auf, ging ins Schlafzimmer, schloß die Tür ab und schaltete auf dem kleinen Fernseher dieselbe Sendung ein, die er gerade angeschaut hatte. Er hat mich einfach weiter ignoriert.“

Das Beispiel mag extrem erscheinen, aber viele Frauen sind verständlicherweise verletzt, wenn ihr Mann ihnen nicht genug Aufmerksamkeit schenkt. Wenn die Frau ein Gespräch anfangen will, scheint sich im Gehirn des Mannes eine Art von Mechanismus in Gang zu setzen: „Jetzt mußt du die Zeitung nehmen, den Fernseher einschalten oder dich mit einem noch ungelösten beruflichen Problem beschäftigen.“ Seine Unaufmerksamkeit kann er dadurch zeigen, daß er wie gebannt auf etwas starrt (z. B. auf einen Fleck in der Tischdecke), oder dadurch, daß er seine Frau ausdruckslos anblickt, während er mit seinen Gedanken ganz woanders ist.

Aber wenn er etwas zu sagen hat, verlangt er nicht nur Aufmerksamkeit von seiner Frau, sondern erwartet auch, daß sie sich jede Einzelheit merkt, so als ob das ganze Gespräch für immer und ewig in ihrem Gedächtnis gespeichert wäre.

Eine Frau kann durch eine Unaufmerksamkeit ihres Mannes tief verletzt werden, weil er ihr dadurch zu verstehen gibt, daß er ihre Anliegen für unbedeutend und nebensächlich hält.

Verzweifeln Sie nicht! In Kapitel 8 können Sie lesen, wie Sie seine stetige, ungeteilte Aufmerksamkeit erlangen können.

Er übernimmt nicht genug Verantwortung im Haushalt

Mike dachte, seine einzige Verantwortung bestehe darin, den Lohn nach Hause zu bringen.

Um 6.45 Uhr am Freitag morgen wachte Mike auf. Als er die drei Kinder lärmen hörte, bemerkte er, daß seine Frau die Schlafzimmertür offengelassen hatte.

„Ich wünschte, ich könnte einmal bis 7 Uhr schlafen", schimpfte er. Dann schrie er: „Wenn du schon meine Tür offen läßt, dann sorge gefälligst dafür, daß die Kinder ruhig sind, damit ich mich noch ein wenig ausruhen kann!"

Er dachte nicht einen Augenblick daran, daß Betty schon vor einer Stunde aufgestanden war, um die Pausenbrote für die Kinder herzurichten, die Kinder für die Schule fertig zu machen und gleichzeitig das Frühstück vorzubereiten. Und er brachte es sogar fertig, ihr zu sagen, daß sie das nicht einmal richtig machte, weil sie seine Tür offengelassen und dadurch seinen Schlaf gestört hatte. „Warum steht er nicht auf und hilft mir? Brauche ich vielleicht weniger Schlaf als er? Bin ich allein für die Kinder verantwortlich?" so dachte sie.

Wenn Mike an diesem Morgen die Kühnheit besessen hätte, die Sache noch weiter zu treiben, und Betty gefragt hätte, warum sie ihm nie ein warmes Frühstück vorsetzte, hätte sie vermutlich geantwortet: „Wenn du ein warmes Frühstück willst, dann zünde die Cornflakes an!"

Wie viele Männer so meint auch Mike, seine Verantwortung für die Familie höre dann auf, wenn er das Büro verläßt.

Tom ist derselben Meinung. Jenny, von Beruf Stewardeß, kam erschöpft von einem anstrengenden 4-Tage-Flug nach Hause. Seine „Begrüßung" war wie immer. Vier Tage lang nicht gespültes Geschirr, vier Tage nicht geleerte Aschenbecher und ein in vier Tagen entstandenes Durcheinander im ganzen Haus empfingen sie. Als sie ins Wohnzimmer kam, schaute ihr Mann gerade die 6-Uhr-Nachrichten an. Er ließ sich dabei nicht stören und begrüßte sie nur mit den Worten: „Ich bin froh, daß du wieder da bist. Dieses Haus sieht langsam wie eine Müllkippe aus."

Denken Sie nicht, Ihr Mann sei der einzige, der nicht im Haushalt hilft. Wahrscheinlich sprechen Sie mit ihm gar nicht darüber, weil er Sie sonst als Nörglerin hinstellen könnte. Wenn er Sie dann sofort daran erinnert, wie hart er arbeitet und unter was für einem Streß er steht, kommen Sie sich möglicherweise sogar wie ein Versager vor, weil Sie Ihre Aufgaben nicht allein bewältigen können.

Kapitel 13 informiert sie darüber, wie Sie Ihren Mann dazu bringen, seinen Teil an Verantwortung für den Haushalt zu übernehmen. Und Sie müssen dabei überhaupt nicht nörgeln.

Seine Aktivitäten haben immer Vorrang vor Ihren Wünschen und Bedürfnissen

Fred war immer mit etwas anderem beschäftigt, wenn seine Frau ihn brauchte; aber er fand stets Zeit zum Fernsehen, Zeitunglesen oder für seine Freunde.

Fred war ein wohlhabender Architekt, der seiner Frau häufig erklärte, er müsse einige Tage ungestört an einem Projekt arbeiten. Doch konnte er ohne Schwierigkeiten eine Pause einlegen, wenn es darum ging, fernzusehen, eine Runde Golf zu spielen oder mit Freunden zum Essen zu gehen.

Aber auch wenn er nicht gerade an einem Projekt arbeitete, beschäftigte er sich meistens mit Dingen, die er gerne tun wollte, anstatt die Zeit mit seiner Frau zu verbringen. Sie fand sich schließlich damit ab, daß er anderen Dingen den Vorzug gab, da sie und ihre Welt nicht wichtig und für ihn nicht interessant genug waren.

Es gibt mindestens sechs Möglichkeiten, wie Sie bei Ihrem Mann größeres Interesse für Ihre Bedürfnisse wecken können. Sie werden in Kapitel 7 dargestellt.

Er hält Vorträge, anstatt einfach zu versuchen, Verständnis und Anteilnahme aufzubringen

Als Sandy eine Beule in Marks neues Auto fuhr, hätte sie seinen Trost gebraucht, nicht seine Belehrungen.

Sandy gibt sich große Mühe, für ihren Mann und ihre Kinder ein gemütliches Heim zu schaffen. Als sie eines Nachmittags den Wagen in die Garage fuhr, rammte sie einen Pfosten. Da sie wußte, daß Mark sich darüber furchtbar aufregen würde, war sie schon in Tränen aufgelöst, als er aus dem Haus kam. Mark wäre zu ihrem „edlen Ritter" geworden, hätte er den Arm um sie gelegt und einfach gesagt:

„Schon gut, Liebling. Ich weiß, wie dir zumute ist. Vergiß das Auto, darum werde ich mich kümmern. Was kann ich jetzt tun, um dich aufzumuntern?“

Statt dessen rannte Mark zum Auto, betrachtete die Beule, sah Sandy an und sagte: „Hast du deinen Führerschein in der Lotterie gewonnen? Steig aus und laß mich parken.“ Dann erklärte er ihr lang und breit, wie einfach es sei, den Pfosten auszuweichen und den Wagen richtig in die Garage zu fahren.

Männer können über alles Vorträge halten – von Schlankheitskuren bis hin zur Haushaltsführung. Was können Sie nun tun, damit Ihr Mann von seinem Podest heruntersteigt und lernt, Sie zärtlich und einfühlsam zu trösten, während Sie sich einfach an seine Schulter lehnen? Kapitel 10 zeigt drei Möglichkeiten auf, wie Sie Ihren Mann lehren und motivieren können, Sie in solch kritischen Momenten zu trösten, wenn er versucht ist, Sie zu ignorieren oder zu belehren.

Er tut so, als ob er Ihnen überlegen wäre

Larry verhielt sich immer so, als ob er klüger wäre, und seine Ideen besser wären als die von Johanna.

Larry und Johanna hatten beide ihr Examen mit Auszeichnung bestanden. Er hatte Ingenieurwesen studiert, sie Hauswirtschaft. Monat für Monat benahm sich Larry so, daß Johanna das Gefühl hatte, selbst keinen intellektuell bedeutsamen Beitrag zu ihrer Ehe zu leisten. Nie nahm er einen Rat von ihr an, war seinerseits aber stets schnell mit seiner Meinung zur Stelle, auch wenn es um ihren Zuständigkeitsbereich ging. Vom Kochen bis zur Inneneinrichtung, immer konnte er ihr sagen, wie sie es besser machen könnte. Er stellte auch ständig Vergleiche an: zwischen seinem Fach und ihrem, seiner schweren Arbeit und ihrer leichten Arbeit, usw. Er zeigte ihr andauernd, daß er weder ihre Fähigkeiten anerkannte noch ihre Talente schätzte. Im Grunde genommen behandelte er sie wie eine Fußmatte.

Gott schuf die Frau nicht als Fußmatte für den Mann. Sie soll vielmehr einen wichtigen, lebendigen Beitrag in Ehe und Familie leisten. Frauen haben vielfältige natürliche Begabungen, die Männer nicht haben. Die Kapitel 11 und 12 beantworten die Frage, wie

Ihr Mann Ihre Einzigartigkeit wirklich respektieren und bewundern lernen kann.

Er zieht andere Menschen vor

Für Brad schien es selbstverständlich zu sein, John zu verteidigen; schließlich war John sein bester Freund.

Karen war noch nicht lange mit Brad verheiratet, als sie lernte, daß sie sich niemals geringschätzig über irgendeinen von Brads Freunden oder Verwandten äußern durfte. Eines Tages kam Brad von der Arbeit nach Hause und sah, wie Karen gerade ein Hähnchen in den Backofen schob. Er freute sich, denn das bedeutete, daß er noch Zeit hatte, eine Weile mit John Fußball zu spielen. Beim Hinausgehen sagte er zu Karen, er ginge hinüber zu John. Darauf erwiderte sie: „Ich hasse ihn. Immer gehst du zu ihm, wenn du nach Hause kommst, anstatt bei mir zu bleiben.“ Brad blieb wie angewurzelt stehen und kehrte wieder um. Er sagte, sie solle sich schämen, John hätte schließlich so viel für sie getan. Durch Johns Ermutigung während der ersten Zeit ihrer Freundschaft seien sie überhaupt zusammengeblieben. Und Johns Ermutigung hätte ihnen die ersten schwierigen Monate ihrer Ehe hindurch geholfen. Sie benehme sich unreif und kindisch, wenn sie jetzt ausgerechnet den Menschen attackiere, der für sie beide mehr wie ein Bruder als ein Freund sei.

Als sie anfing zu weinen, dachte Brad, sie hätte verstanden, worauf er hinauswollte, und würde sich nun schämen. Nicht ganz! Seine Äußerung gab ihr klar und deutlich zu verstehen, daß er ihr John als Mensch und als Gefährten vorzog. Im Laufe der Zeit erkannte sie aus seinen Worten, Taten und seiner ganzen Haltung, daß er viele Leute über sie stellte: Sekretärinnen, Kollegen, Verwandte, Freunde, ja sogar flüchtige Bekannte. Niemals verteidigte er sie gegenüber Dritten, doch jedesmal, wenn sie jemanden kritisierte, ergriff er sofort dessen Partei.

Heute, einige Jahre später, gibt Brad Karen immer den Vorzug vor anderen Menschen. Jedesmal, wenn es zwischen ihr und einer anderen Person (selbst seiner Mutter) Meinungsverschiedenheiten gibt, ergreift er für Karen Partei und versucht, dem anderen ihren Standpunkt klarzumachen. Einige seiner Freunde können nicht verstehen, warum es ihm so viel Spaß macht, mehr Zeit mit seiner Frau zu verbringen als mit ihnen. Kapitel 16 gibt fünf praktische Anregungen, was Sie tun können, damit Ihr Mann Sie an die erste Stelle setzt.

Er gibt sich keine Mühe, Ihre Beziehung romantischer zu gestalten

Den Tag, den Frank vergaß, kann Marianne heute noch nicht vergessen.

Frank war auf Geschäftsreise, aber Marianne war sich ganz sicher, daß sie bald einen Anruf, eine Karte, ein Telegramm oder einen Blumenstrauß bekommen würde, mit Glückwünschen zu ihrem Geburtstag. Als gegen Mittag die Post kam, lief sie eilends zum Briefkasten, aber es war keine Karte von Frank dabei. Zuerst war sie enttäuscht, doch dann kam sie zu dem Schluß, daß er sich wahrscheinlich etwas Originelleres ausgedacht hatte. Schließlich war er ja nach Meinung seiner Kollegen einer der kreativsten Mitarbeiter der Firma. Um sechs Uhr abends gab sie die Hoffnung auf einen Blumenstrauß oder ein Telegramm auf, da die Geschäftszeit vorüber war. „Er wird bestimmt anrufen", dachte sie. Gegen Mitternacht schlief sie endlich ein – es war immer noch nichts gekommen.

Am nächsten Tag war sie sehr niedergeschlagen, glaubte aber fest daran, er würde ihr bei seiner Rückkehr eine Überraschung mitbringen. Er kam mit leeren Händen nach Hause. Ihren Geburtstag hatte er vollkommen vergessen. Sie sagte nie ein Wort darüber, aber selbst heute, nach sechzehnjähriger Ehe, hat sie es nicht vergessen. Dabei war er früher so romantisch. Doch heute ist nichts mehr von der Romantik, den „kleinen Überraschungen" geblieben.

Ist es nicht erstaunlich, daß viele Männer, die vor der Hochzeit so romantisch waren, später so unromantisch werden können? Es scheint geradeso, als ob in dem Moment, in dem sie „Ja" sagen, ein Teil ihres Gehirns abstürbe. Sie können sich buchstäblich nicht mehr daran erinnern, was Romantik ist. Wenn sie direkt darauf angesprochen werden, sind sie schnell mit der Frage bei der Hand: „Was willst du denn von mir? Soll ich dir Blumen schenken oder was sonst?“ Als ob sie nur eine bestimmte Sache tun müßten, um alles in Ordnung zu bringen! Es ist schon komisch – vor der Ehe brauchten sie nicht einmal eine Nachhilfestunde in Sachen Romantik, und jetzt haben sie regelrechten Unterricht nötig!

Manche Handlungen und Bemerkungen können sehr verletzend wirken und schwere Depressionen oder tiefe Verzweiflung verursachen. Mit am schmerzlichsten ist es, wenn man für ein Verhalten kritisiert wird, das nur die Reaktion auf bestimmte negative Eigenschaften des anderen ist. Jahrelang glaubte ich, einer meiner besten Freunde sei mit einer „Nörglerin“ verheiratet. Dann wurde mir auf einmal klar, daß ihr Nörgeln zum Teil nur das Ergebnis seiner Verantwortungslosigkeit und Faulheit in vielen Bereichen war.

Eine andere Freundin sagte einmal zu mir, sie wünschte, sie könne ihrem Mann erklären, daß er ihr das Schreien beigebracht habe. Es sei die einzige Möglichkeit, wenn auch nur für kurze Zeit, seine ungeteilte Aufmerksamkeit zu bekommen. Ich bin sehr froh, sagen zu können, daß sie es inzwischen gelernt hat, seine beständige, ungeteilte Aufmerksamkeit zu erlangen, und zwar auf eine Art und Weise, die für die beiden sehr ermutigend war.

Ziel dieses Buches ist es, Ihnen zu zeigen, wie Sie Ihre Ehe gestalten und festigen und sie mit echter, dauerhafter Liebe erfüllen können. Denken Sie nicht, es sei schon zu spät! Ich habe schon bei vielen scheinbar „hoffnungslosen“ Ehen eine solche Wandlung erlebt, die selbst die kühnsten Träume der Frauen weit übertraf. Und Ihre Ehe muß da keine Ausnahme bilden!

Doch zum besseren Verständnis der später beschriebenen Grundsätze müssen wir zunächst auf einige der selten erwähnten Unterschiede zwischen Mann und Frau eingehen.

Zum Nachdenken

Vergebung im biblischen Sinn wirkt in zweifacher Weise:

1. Sie befreit einen Menschen von der konkreten Schuld und den Konsequenzen seines Verhaltens uns gegenüber.
2. Sie befreit einen Menschen von der zugrundeliegenden Ursache für sein Verhalten.

Haben Sie schon einmal darüber nachgedacht, daß Sie eine Verpflichtung gegenüber Ihrem Mann haben – nämlich die Verpflichtung, ihm zu helfen, damit er erkennen kann, auf welche Weise er sie verletzt, und ihm auch dabei zu helfen, von den zugrundeliegenden Ursachen frei zu werden?

Vergebung ist ein lebenslanger Prozeß (Matt. 18,21–22). Wie oft vergeben wir anderen?

3

Warum Männer so und nicht anders handeln

„Die Frau aber soll ihren Mann achten."
Eph. 5,33 (Gute Nachricht)

Wie kann ein Mann etwas zu seiner Frau sagen, das sie bis ins Innerste verletzt, und eine Stunde später erwarten, daß sie seine Zärtlichkeiten erwidert? Warum fühlt sich ein Mann verpflichtet, seine Frau zu belehren, wenn er sieht, daß ihre Gefühle verletzt sind? Wie kann ein Mann neben seiner weinenden Frau liegen, ohne ein Wort zu sagen, wenn sie sein Mitgefühl und seine Anteilnahme bräuchte?

Diese Situationen sind keine Ausnahmen; sie sind der Normalfall in vielen Ehen. Wenn Ehepaare in meine Sprechstunde kommen, sind sie meistens überrascht, daß ich nicht vor lauter Schreck vom Stuhl falle, wenn sie mir ihre Gefühle beschreiben. Sie können einfach nicht glauben, daß ihre Erfahrungen etwas Alltägliches sind. Jede Ehe und jeder Mensch ist einzigartig, aber die Probleme, denen sich die Menschen gegenübersehen, sind praktisch immer dieselben.

Viele der Probleme eines Ehepaares beruhen auf einer ganz einfachen Tatsache: Männer und Frauen sind total verschieden. Die Unterschiede auf emotionalem, psychischem und physischem Gebiet sind so extrem, daß ohne die gemeinsamen Bemühungen von Mann und Frau, zu einem realistischen Verständnis des anderen zu gelangen, eine glückliche Ehe fast undenkbar ist. Ein bekannter Psychiater sagte einmal: „Nachdem ich die Frauen dreißig Jahre lang studiert habe, frage ich mich: ‚Was wollen sie eigentlich?'" Wenn er schon zu diesem Schluß kommt, können Sie sich wohl vorstellen, wie wenig Ihr Mann wirklich von Ihnen weiß! Dieses Kapitel soll Ihnen helfen, einige der Unterschiede zwischen Ihnen und Ihrem Mann zu erkennen, die der Grund für viele Probleme in Ihrer Beziehung sind. Es sollte Sie ermutigen, weil Sie besser verstehen werden, warum er viele der Dinge tut, die Sie verletzen.

Höchstwahrscheinlich haben Sie immer angenommen, daß es ihm einfach egal ist, ob er Sie verletzt oder nicht.

Doch er ist eben ein Mann, und viele der verletzenden und gefühllosen Handlungen, die Sie bei ihm erlebt haben, sind die Folge seiner Natur als Mann. Das heißt nun aber nicht, daß Sie sich damit abfinden müssen, mit einem gefühllosen oder insensiblen Mann zusammenzuleben – ganz im Gegenteil. Wenn Sie erst einmal einige der dargestellten grundlegenden Unterschiede erkannt haben, können Sie ihm helfen, seine natürlichen Eigenschaften ins Gleichgewicht zu bringen.

Bevor wir nun die einzelnen physiologischen und psychologischen Unterschiede betrachten, möchte ich Ihre Aufmerksamkeit zunächst auf die allgemeinen Unterschiede und deren Auswirkungen auf Ihre Beziehung lenken. Das beste Beispiel zur Illustration dieser Unterschiede ist meiner Meinung nach der Vergleich zwischen einem Schmetterling und einem Büffel.

Der Schmetterling besitzt ein feines Empfindungsvermögen. Er spürt selbst den leisesten Lufthauch. Er flattert über dem Boden und nimmt so seine Umgebung in ihrer ganzen Fülle wahr. Er bemerkt sogar die Schönheit der allerkleinsten Blume. Wegen seiner Empfindsamkeit erkennt er sofort alle Veränderungen um ihn herum und kann auf die geringste Änderung in der Umgebung sofort reagieren. Allem, was ihn verletzen könnte, kann er so behende ausweichen. (Versuchen Sie einmal einen Schmetterling ohne Netz einzufangen.) Wenn ein winziges Kieselsteinchen auf seinem Flügel befestigt würde, würde der Schmetterling schwer verwundet werden und schließlich sterben.

Der Büffel dagegen ist kräftig und unempfindlich. Auf einen Lufthauch reagiert er nicht. Selbst ein stürmischer Wind läßt ihn unbeeindruckt. Er läßt sich dadurch nicht in seiner Beschäftigung stören. Die winzigen Blumen nimmt er überhaupt nicht wahr und von geringfügigen Veränderungen in seiner Umgebung nimmt er keine Notiz. Würde man einen Kieselstein auf seinem Rücken befestigen, würde er ihn wahrscheinlich nicht einmal bemerken.

Der Büffel ist nicht „von Grund auf schlecht", nur weil er hübsche Blumen niedertrampelt. Tatsächlich ist seine Robustheit ein außerordentlicher Vorteil. Seine Kraft kann, wenn sie richtig gelenkt wird, einen Pflug ziehen, den vier ausgewachsene Männer nicht ziehen können.

Die Analogie ist wohl offensichtlich. Ihr Mann ist der Büffel (sagen Sie nicht allzu laut „So ist es“!), und Sie sind der Schmetterling. Er neigt eher dazu, sich seinen Weg durch die Umstände hindurch zu „pflügen“, während Sie das Leben und Ihre Umgebung mit sehr viel mehr Sensibilität „erfühlen“. Das „Kieselsteinchen auf dem Schmetterlingsflügel“ kann die Gestalt einer sarkastischen Bemerkung, einer scharfen Kritik oder sogar einer gleichgültigen Haltung haben. Was es auch sein mag, es kann Sie verletzen und sogar niederschmettern, während er vielleicht gar nicht bemerkt, was er getan hat.

Der Büffel kann nie etwas von der Sensibilität des Schmetterlings annehmen, und der Schmetterling wird nie von der Stärke des Büffels profitieren. Deshalb endet hier die Analogie.

Mit Ihrer Ehe verhält es sich nämlich ganz anders. Ihr Mann *kann* lernen, sanft, sensibel und romantisch zu werden, aber allein wird er es wohl nicht schaffen. Dieses Buch will Ihnen zeigen, wie Sie ihm dabei helfen können. Sie müssen sich darüber im klaren sein, daß Ihr Mann nicht versteht, wie sehr seine spitzen Bemerkungen oder seine Gleichgültigkeit Ihre Gefühle verletzen. Er kann es lernen, aber er braucht Ihre Hilfe.

Nun wollen wir einige der Unterschiede zwischen Mann und Frau näher betrachten; nämlich die Unterschiede auf der Ebene der Psyche und der Gefühle, des Körpers, der Sexualität und der Intuition. Die einzelnen Punkte werden keinesfalls erschöpfend behandelt, sie werden Ihnen aber zumindest ein besseres Verständnis der Unterschiede vermitteln, die meistens nicht genug beachtet werden.

Unterschiede auf der Ebene der Psyche und Gefühle

Frauen neigen dazu, „persönlicher“ als Männer zu sein. Sie haben ein tiefgehenderes Interesse an Menschen und Gefühlen, während Männer eher dazu neigen, sich mit den praktischen Gegebenheiten zu befassen, die durch logisches Denken erfaßt werden können.

Dr. Cecil Osborne sagt, daß Frauen dazu neigen, „ein engverbundener Teil“ der Menschen, die sie kennen, und der Dinge, die sie umgeben, zu werden. Zwischen ihnen und ihrer Umgebung besteht eine gewisse Art des „Einsseins“. Ein Mann hat zwar eine Beziehung zu Menschen und Situationen, aber er läßt es für gewöhnlich nicht zu, daß seine Identität mit ihnen verwoben wird. Irgendwie bleibt er distanziert. Eine Frau kann deswegen so leicht verletzt werden, wenn andere ihr Heim kritisieren, weil sie es gewissermaßen als ein Stück von sich selbst ansieht. (Eine Frau Mitte fünfzig sagte, sie freue sich über eine Karte oder einen Blumenstrauß von ihrem Mann, weil sie dadurch von der Identität mit ihrem Heim und ihrer Familie gelöst werde. Das Geschenk hebe sie als Einzelperson mit persönlicher Identität und persönlichem Eigenwert heraus.)

Wegen der emotionalen Identifizierung mit Menschen und Umgebung braucht eine Frau mehr Zeit, um eine Veränderung zu verarbeiten, als ein Mann. Ein Mann kann die Vorteile einer Veränderung logisch erfassen und sich innerhalb weniger Minuten darauf einstellen. Bei einer Frau ist das anders. Sie hat sofort die unmittelbaren Folgen der Veränderung und die Schwierigkeiten, die sie für sie und ihre Familie mit sich bringen könnte, vor Augen. Sie braucht Zeit, um sich erst einmal an eine veränderte Situation zu gewöhnen; erst dann kann sie sich für die Vorteile dieser Veränderung erwärmen.

Es gelang Steve und Bonney nur schwer, ausreichend Geld für das Essen zusammenzubekommen. Er arbeitete achtzehn Stunden am Tag für sein kleines Geschäft, und sie mindestens acht (dabei war sie im siebten Monat schwanger). Dann flog er an die Ostküste, um einem Multimillionär seine geschäftlichen Pläne zu unterbreiten. Der Mann war beeindruckt und machte Steve ein großzügiges Angebot. Steve konnte es kaum erwarten, Bonney anzurufen und ihr die wunderbare Neuigkeit mitzuteilen.

Steve brauchte nicht einmal fünf Minuten, um das Angebot anzunehmen. Das war eben das einzig „Vernünftige". Er rief Bonney an und erzählte ihr die Neuigkeit in „logischer" Reihenfolge, damit sie sich ebenso wie er dafür beigeistern könnte. Er sagte: „Erstens, wirst du nicht mehr arbeiten müssen. Zweitens, gibt er mir 20 Prozent vom Profit (er sagt, in einem Jahr bin ich Millionär). Drittens, du glaubst gar nicht, wie schön es hier ist, und er übernimmt alle Umzugskosten."

Steve war schockiert, als Bonney hemmungslos zu weinen begann. Zuerst dachte er, sie weinte vor Freude. (Ich weiß, es ist schwer zu verstehen, daß er das wirklich glaubte. Aber vergessen Sie nicht, Männer können wie Büffel sein.)

Sobald Bonney trotz ihres Schluchzens wieder sprechen konnte, stellte sie einige Fragen, die Steve für vollkommen lächerlich hielt (tatsächlich dachte er, sie sei verrückt geworden). Sie stellte Fragen wie: „Und was ist mit unseren Eltern?“ und „Und die Wohnung – ich habe gerade das Kinderzimmer eingerichtet?“ Nach ihrer dritten Frage beendete Steve, mit all seiner männlichen „Vernunft“, abrupt das Gespräch. Sie wagte tatsächlich, ihn zu fragen, ob er denn vergessen habe, daß sie im siebten Monat sei!

Er ließ ihr ein bis zwei Stunden Zeit, sich wieder zu beruhigen, dann rief er zurück. Sie hatte die Fassung wieder gefunden und willigte ein, an die Ostküste zu ziehen und alles zurückzulassen: ihre Eltern, ihre Freunde, ihren Arzt, ihren Säuglingspflegekurs und das Kinderzimmer, das sie mit viel Zeitaufwand und Mühe für ihr erstes Kind hergerichtet hatte.

Bonney brauchte beinahe acht Monate, um sich an eine neue Situation zu gewöhnen, wofür Steve nur wenige Minuten gebraucht hatte. Steve ist nie zu seiner Million gekommen. Das Geschäft „platzte“ acht Tage vor der Geburt ihres Babys, und sie zogen wieder in eine andere Stadt, immer noch Tausende von Kilometern von ihrem Heimatort entfernt. Steve hat schließlich seine Lektion gelernt, und heute trifft er keine größere Entscheidung, wenn Bonney nicht voll und ganz einverstanden ist. Sobald er eine Veränderung absehen kann, sagt er es ihr, damit sie reichlich Zeit hat, sich mit dem Gedanken vertraut zu machen. Doch Steve wird nie vergessen, daß seine Frau ihm sooft aus Liebe Opfer gebracht hat. Er sieht sogar ein, daß Fragen wie: „Und was ist mit unseren Eltern?“ oder „Und was ist mit dem Kinderzimmer?“ wichtiger sein können als Geld.

Physische Unterschiede

Nach Ansicht von Dr. Paul Popenoe, dem Gründer des amerikanischen Instituts für Familienfragen in Los Angeles, könnten die biologischen Unterschiede zwischen den Geschlechtern ein ganzes Buch füllen, die Unterschiede im Bereich der Fortpflanzung nicht einmal mit eingerechnet.

Dies sind einige der Unterschiede:

Männer und Frauen sind in jeder Zelle ihres Körpers verschieden. Dieser Unterschied in der Chromosomenkombination ist überhaupt die wesentliche Ursache für die Entwicklung des Geschlechts.

Frauen haben von Natur aus eine größere Vitalität, vielleicht wegen dieses Chromosomenunterschiedes. Sie leben im Durchschnitt drei bis vier Jahre länger als Männer.

Bei Frauen ist der Stoffwechsel für gewöhnlich niedriger als bei Männern. Es gibt auch Unterschiede im Knochenbau und bei den inneren Organen.

Frauen haben einige wichtige Körperfunktionen, die die Männer nicht haben – Menstruation, Schwangerschaft, Stillen. Frauen haben andere und mehr Hormone als Männer. Diese Hormone haben einen Einfluß auf Verhalten und Gefühle.

Die Schilddrüse funktioniert bei Mann und Frau unterschiedlich. Bei Frauen ist die Schilddrüse größer und aktiver, bei Schwangerschaft und Menstruation vergrößert sie sich. Sie ist verantwortlich für die größere Neigung zur Kropfbildung bei Frauen, die Widerstandsfähigkeit gegen Erkältungen, die glatte Haut, die geringe Körperbehaarung und die dünne subkutane Fettschicht.

Das Blut der Frau enthält mehr Wasser als das des Mannes (20 Prozent weniger rote Blutkörperchen). Da die roten Blutkörperchen die Körperzellen mit Sauerstoff versorgen, werden Frauen schneller müde und neigen eher zu Ohnmachtsanfällen. Also nur umgerechnet auf die Lebensdauer haben sie eine bessere Konstitution. Als während des Krieges die Arbeitszeit in britischen Fabriken von zehn auf zwölf Stunden erhöht wurde, nahmen die Unfälle bei Frauen um 150 Prozent zu, bei Männern dagegen überhaupt nicht.

Die reine Körperkraft kann bei Männern um 50 Prozent höher sein als bei Frauen.

Bei Frauen schlägt das Herz im Durchschnitt schneller (80 Schläge pro Minute gegenüber 72 bei Männern). Ihr Blutdruck (10 Meßeinheiten niedriger als bei Männern) variiert von Minute zu Minute, doch sie neigen viel weniger zu Bluthochdruck – wenigstens bis zu den Wechseljahren.

Die Ein- bzw. Ausatmungskapazität ist bei Frauen deutlich geringer als bei Männern.

Frauen können hohe Temperaturen besser verkraften, da sich bei ihnen der Stoffwechsel weniger verlangsamt als bei Männern.

Unterschiede im Bereich der Sexualität

Das sexuelle Verlangen der Frau hängt größtenteils von ihrem Monatszyklus ab, das des Mannes ist relativ konstant, es wird hauptsächlich von dem Hormon Testosteron gesteuert.

Frauen reagieren viel mehr auf Berührungen und zärtliche Worte. Sie werden eher von der Persönlichkeit eines Mannes angezogen, während für Männer das Aussehen der Frau eine große Rolle spielt. Für gewöhnlich sind Männer weniger anspruchsvoll bei den Frauen, zu denen sie sich körperlich hingezogen fühlen.

Während ein Mann wenig oder gar keine Vorbereitung für den Geschlechtsverkehr braucht, muß die Frau, oft Stunden vorher, emotional und seelisch darauf vorbereitet sein. Dabei ist eine für sie zärtliche Zuwendung nötig, während eine grobe und beleidigende Behandlung ihr sexuelles Verlangen für Tage blockieren kann. Wenn der Mann keinerlei Rücksicht auf die Gefühle seiner Frau genommen hat, kann sie sogar beinahe Widerwillen gegen seine Zärtlichkeiten empfinden. Viele Frauen sagten mir, sie seien sich wie Prostituierte vorgekommen, wenn ihr Mann sie gezwungen hat, mit ihm zu schlafen, obwohl sie ihm innerlich grollten. Ein Mann dagegen mag sich gar keine Vorstellung davon machen, was er seiner Frau damit antut.

Diese grundlegenden Unterschiede sind die Ursache für viele Konflikte in der Ehe. Und sie treten meist sehr schnell nach der Hochzeit zu Tage. Die Frau weiß intuitiv viel besser, wie eine liebevolle Beziehung aufgebaut wird. Aufgrund ihrer Sensibilität nimmt sie mehr Rücksicht auf die Gefühle ihres Mannes und setzt alles daran, eine sinnvolle, vielschichtige Beziehung aufzubauen – d. h. eine Beziehung mit vielen Facetten, die mehr ist als nur eine sexuelle Partnerschaft. Sie möchte für ihren Mann Geliebte und beste Freundin sein, ihn bewundern und ihm ein Zuhause geben, und seine gleichwertige Partnerin sein. Der Mann weiß hingegen im allgemeinen nicht rein intuitiv, wie die Beziehung sich gestalten soll. Er weiß nicht intuitiv, wie er seine Frau ermutigen und lieben soll, oder wie er sich ihr gegenüber verhalten soll, um ihre tiefsten Bedürfnisse zu erfüllen.

Da er kein intuitives Verständnis dieser wichtigen Dinge besitzt, muß er sich ganz auf das Wissen und die Kenntnisse stützen, die er diesbezüglich vor der Ehe erworben hat. In unserem Schulsystem gibt es leider keine angemessene Vorbereitung für einen jungen Mann in diesem Bereich. Seine Erziehung besteht also einzig und allein in dem, was er in seinem Elternhaus als Beispiel gesehen hat. Für viele von uns ist dieses Beispiel vielleicht unzureichend gewesen. Die meisten Männer wissen alles über Sex und sehr wenig über echte, selbstlose Liebe, wenn sie heiraten. Ihr Mann wird daher nur durch Ihr Vorbild und Ihre Hilfe lernen können, Ihnen und den Kindern die Liebe zu geben, die Sie brauchen.

Ich will damit nicht sagen, daß Männer egoistischer sind als Frauen. Ich meine nur, daß der Mann am Anfang einer Ehe einfach nicht dieselbe Fähigkeit wie eine Frau besitzt, selbstlose Liebe auch auszudrücken. (Sie wissen sicher ebenso gut wie ich, daß Frauen ganz genauso egozentrisch sein können wie Männer.)

Unterschiede im Bereich der Intuition

Norman wollte über 150000 DM in ein „bombensicheres“ Geschäft investieren. Er hatte die Angelegenheit von allen Seiten beleuchtet und war zu dem logischen Schluß gekommen, daß nichts schiefgehen könnte. Nachdem er den Vertrag unterzeichnet und der anderen Partei den Scheck ausgehändigt hatte, fand er es an der Zeit, seine Frau von der Investition in Kenntnis zu setzen.

Als sie einige der Einzelheiten über den Geschäftsabschluß gehört hatte, hatte sie dabei sogleich ein ungutes Gefühl. Als Norman dies bemerkte, wurde er wütend und fragte sie nach dem Grund dafür. Sie konnte keinen logischen Grund angeben, weil sie keinen hatte. Alles, was sie wußte, war, daß „irgend etwas nicht stimmte“. Norman hörte auf sie, ging noch einmal zu der anderen Partei und verlangte sein Geld zurück. Man sagte ihm, daß er verrückt sei, aber er bekam das Geld wieder. Kurze Zeit später wurden alle Organisatoren und Kapitalanleger des Geschäfts von der Regierung unter Anklage gestellt. Die Intuition seiner Frau hatte Norman nicht nur vor dem Verlust des Geldes, sondern auch vor dem Gefängnis bewahrt.

Was hat es nun mit dieser „weiblichen Intuition“ auf sich? Es ist nichts Mystisches, sondern vielmehr die unbewußte Wahrnehmung der kleinsten Einzelheiten, die manchmal konkret faßbar, manchmal abstrakt sind. Da es sich meist um einen unbewußten Prozeß handelt, ist eine Frau häufig nicht in der Lage, genau zu definieren, warum sie etwas so und nicht anders empfindet. Sie erfaßt oder „fühlt" einfach etwas in bezug auf eine Person oder eine Situation, während ein Mann eher zu einer logischen Analyse von Umständen und Personen neigt.

Wie dieses Kapitel wohl gezeigt hat, können Männer und Frauen ihre Verschiedenartigkeit nicht verstehen, wenn sie sich nicht darum bemühen. Dieses Wissen sollte Ihnen ein wenig mehr Hoffnung, Geduld und Toleranz bei Ihrem Bemühen geben, die Beziehung zu Ihrem Mann zu stärken und zu vertiefen.

Nun können wir versuchen, herauszufinden, wie Sie Ihrem Mann helfen können, sensibler zu werden.

Zum Nachdenken

Wie unterscheiden Sie sich von Ihrem Mann beim Aufbau von Beziehungen:

zueinander
zu den Kindern
zu Verwandten
zu Freunden
zu der Gemeinde

4

Wie Sie Ihrem Mann helfen können, sensibler zu werden

„Eine linde Antwort stillt den Zorn; aber ein hartes Wort erregt Grimm." Sprüche 15,1

Mit fünfundzwanzig Jahren sollte Sandy schließlich den Mann ihrer Träume heiraten. Sie war seit vier Jahren mit Larry befreundet und dachte, sie kenne ihn in- und auswendig. Ihre Beziehung hatte ihre Höhen und Tiefen gehabt, aber alles in allem betrachtet wußte sie, daß ihre Liebe so stark war, daß ein glückliches Zusammenleben so natürlich sein würde wie das Erwachen am Morgen.

Der Hochzeitstag kam, und alles war so, wie sie es sich in ihren Träumen immer ausgemalt hatte – Larry war für sie der Märchenprinz. Dann kamen die Flitterwochen. Beinahe sofort begann sie eine Seite an Larry zu entdecken, von deren Existenz sie bisher nichts geahnt hatte. Am vierten Tag der Flitterwochen dachte Larry, daß es Sandy interessieren würde, wo er während seiner Studienzeit im Sommer immer gearbeitet hatte. So unternahmen sie eine 8-km-Wanderung, von einem Ausgangspunkt in 2500 m Höhe in den High Sierras (wovon sicher jede Frau am vierten Tag ihrer Flitterwochen träumt). Als sie an ihrem Ziel angekommen waren, war Sandy erschöpft. Da sie bis zum Einbruch der Dunkelheit wieder zurück sein mußten, blieb nur Zeit für eine kurze Verschnaufpause.

Als sie schließlich ins Camp zurückkamen, hatte Sandy einen ganz neuen Begriff von körperlicher Erschöpfung. Der Märchenprinz war ebenfalls erschöpft, deshalb gingen sie sogleich ins Bett. (Genauer gesagt: er sprang, sie kroch.) Zu ihrer völligen Überraschung wollte der Prinz jedoch nicht schlafen – er hatte anderes im Sinn. Von diesem Zeitpunkt an sah sie die Ehe immer mehr als Widerstreit zwischen zwei eigenständigen Charakteren, die ihre eigenen Bedürfnisse über die des anderen stellen.

Sie hatte mit der Vorstellung geheiratet, daß Larry sich ganz der Erfüllung ihrer Wünsche widmen würde. Schließlich hatte er ja in seinem Eheversprechen gelobt, er würde sie lieben und ehren, in guten wie in bösen Tagen, in Reichtum und Armut, in Krankheit wie in Gesundheit, bis daß der Tod sie scheide. In einem persönlichen Versprechen, das er schriftlich formuliert hatte, hatte er sogar gelobt, den Rest seines Lebens für all ihre Bedürfnisse zu sorgen. Doch diese Versprechen wurden schnell zu reinen Formeln, und ihre Bedürfnisse kamen offensichtlich erst an zweiter Stelle hinter den seinen.

Sie meinte, sie könne ihn durch direkte Konfrontation verändern, indem sie, auf unterschiedliche Weise, mehr Rücksichtnahme auf ihre Bedürfnisse forderte. Doch nach acht Jahren war alles nur noch schlimmer geworden. Zu guter Letzt fand sie sich damit ab, daß ihre Beziehung zu Larry niemals besser werden würde.

Larry war natürlich davon überzeugt, daß all die Probleme allein Sandys Schuld seien. Er hielt sie für anspruchsvoll und streitsüchtig. Sie respektierte oder schätzte ihn nicht mehr so, wie sie es vor ihrer Ehe getan hatte.

Heute, sechs Jahre später, ist Larry nicht mehr der egozentrische, rücksichtslose, fordernde Ehemann, der er einmal war. Sandys Augen strahlen, wenn sie erzählt, auf wie viele verschiedene Arten er ihr täglich seine Liebe beweist, und wie er ihre Bedürfnisse sogar über seine eigenen stellt. Er ist so feinfühlig geworden, wie sie es sich immer gewünscht hatte. Er gibt ihr die Stärke, die sie braucht, und seine Liebe ist doch zärtlich und fürsorgend. *Was ist geschehen?* Kurz gesagt, Sandy begann, fünf wichtige Prinzipien zu beachten, wenn sie Larry auf seinen Mangel an Sensibilität ansprach.

Niemand läßt sich gerne kritisieren, ganz gleich, wieviel Wahrheit in der Kritik steckt. Ob Mann oder Frau, sechs Jahre oder sechzig, wenn man kritisiert wird, verteidigt man sich automatisch. Doch Ehrlichkeit ist für eine Ehe unerläßlich. Diese zwei Grundwahrheiten scheinen miteinander im Widerspruch zu stehen. Wie kann man einem Menschen, den man liebt, ehrlich sagen, was einen an ihm ärgert oder stört, ohne nur wie üblich wütende Verteidigung oder gleichgültiges Achselzucken zu ernten?

Indirekte Methoden sind wirkungsvoller als direkte Konfrontation

Die folgenden fünf Prinzipien skizzieren dieses indirekte Vorgehen. Ihr Mann kann Ihre Kritik an seiner mangelnden Sensibilität viel leichter annehmen, wenn diese fünf Grundsätze beachtet werden.

1. Lernen Sie, Ihre Gefühle in einer liebevollen Haltung zu äußern – mit Warmherzigkeit, Einfühlungsvermögen und Aufrichtigkeit.

   Das sind vertraute Worte, aber was bedeuten sie wirklich? Warum sind sie so wichtig?

a) *Warmherzigkeit* bedeutet, einen Menschen unvoreingenommen anzunehmen. Das heißt, daß man einen Menschen für *wichtig* genug hält, ihm seine Zeit und volle Unterstützung zu schenken – an allem, was ihn betrifft, Anteil zu nehmen, nicht weil er es verdient hat, sondern einfach weil er ein Mensch ist.

b) *Einfühlungsvermögen* ist die Fähigkeit, die Gefühle eines anderen Menschen zu verstehen und sich mit ihnen zu identifizieren – sich an seine Stelle zu versetzen und die Dinge mit seinen Augen zu sehen.

c) *Aufrichtigkeit* bedeutet, echtes Interesse an einer Person zu zeigen und die Haltung ihr gegenüber nicht zu ändern, wenn die Umstände sich ändern.

   Ihr Mann weist Ihre Kritik möglicherweise zurück, wenn er diese drei Dinge nicht bei Ihnen verwirklicht sieht. Warmherzigkeit, Einfühlungsvermögen und Aufrichtigkeit kann sich *jeder* zu eigen machen.

   (In der Psychologie gibt es immer mehr Beweise für die Tatsache, daß Patienten die Hilfe eines Psychiaters zurückweisen, wenn sie diese Grundhaltung bei ihm nicht spüren. Viele Psychiater meinen sogar, daß einem Patienten von einem Freund mit diesen Eigenschaften viel besser geholfen werden kann als von einem Fachmann, der sie nicht besitzt.)

   Was in Sandys Ehe geschah, geschieht in unzähligen anderen Ehen und *kann* auch in Ihrer Ehe geschehen. Das Wunderbare dabei ist, daß Sie nicht darauf *warten müssen*, daß Ihr Mann sich ändert, auch wenn er vielleicht für die meisten Probleme verantwortlich ist. Sie können selbst den Ball ins Rollen bringen, und die erstaunliche Veränderung wird tatsächlich zustande kommen.

2. Lernen Sie, Ihre Gefühle mitzuteilen, wenn Sie zornig oder verärgert sind, ohne dabei „Du"-Aussagen zu gebrauchen.

Dr. Jerry R. Day, ein Psychologe rät den Frauen, „Du"-Aussagen zu vermeiden. Aussagen wie: „Du machst mich krank", „Du kommst immer zu spät" oder „Du weißt immer alles besser". „Du"-Aussagen führen meist dazu, daß ein Mann eine Kampfposition einnimmt oder einfach weggeht, ohne die Frage geklärt zu haben. Wie auch immer, es wird ihn nur darin bestärken, seinen eigenen Willen durchzusetzen, und Sie werden in der Angelegenheit ins Hintertreffen geraten.

Die Aussage: „Du kommst immer zu spät" z. B. wird ihn zu der Schlußfolgerung veranlassen: „Wer ist sie, daß sie meinen Zeitplan festsetzt. Die Welt dreht sich schließlich nicht um sie – ich komme nach Hause, wann es mir paßt!"

Die Aussage: „Kannst du nicht einmal auf meine Gefühle Rücksicht nehmen?" provoziert bei ihm den Gedanken: „Ihre Gefühle! Und was ist mit *meinen* Gefühlen?"

Oder die Aussage: „Kannst du nicht eher aufstehen und dich auch einmal um die Kinder kümmern?" kann die Reaktion auslösen: „Kaum zu glauben, wie hart ich jeden Tag für diese Familie arbeite, und jetzt verlangt sie auch noch von mir, daß ich ihre Arbeit machen soll!"

3. Lernen Sie, zu *warten*, bis Ihr Zorn oder ihre Gereiztheit verklungen sind, ehe Sie ein heikles Thema anschneiden.

Ganz gleich, was Sie sagen oder wie Sie es sagen, wenn Sie dabei wütend oder gereizt sind, wird es bei Ihrem Mann wahrscheinlich eine falsche Reaktion auslösen. Während Sie sich beruhigen, sollten Sie entweder gar nichts sagen oder über ein unverfängliches Thema sprechen. Wenn Ihr Mann wissen will, warum Sie schweigen oder das Thema wechseln, dann sagen Sie ruhig: „Ich brauche etwas Zeit zum Nachdenken, damit ich meine Gefühle besser verstehen kann."

(Ich sage nicht, daß Sie das Gefühl des Zorns ganz aus Ihrem Leben verbannen müssen. Ich weiß, wie schwer es ist, mit Zorn umzugehen. Aber vermeiden Sie in solchen Momenten, heikle

Angelegenheiten in der Hitze des Gefechts zu diskutieren. So wird keiner von Ihnen Worte sagen, die er später bereuen müßte.)

4. Wenn Sie sich beruhigt haben, ersetzen Sie „Du"-Aussagen durch „Ich-fühle"-Mitteilungen.

   Einige Beispiele sollen veranschaulichen, was ich damit meine: Wenn Ihr Mann sich verspätet, dann halten Sie ihm nicht gleich vor: „Du kommst nie pünktlich nach Hause", sobald er einen Fuß über die Türschwelle gesetzt hat. Begrüßen Sie ihn mit verständnisvollen Worten, wie z. B.: „War sicher ein anstrengender Tag für dich" oder „Du bist sicher müde".

   Später (vielleicht sogar erst am nächsten oder übernächsten Tag, wenn er entspannt ist), können Sie beginnen, ihm Ihre Gefühle mitzuteilen, und zwar im Zusammenhang mit Ihrer Einzigartigkeit als Frau. Wenn Sie sich etwas einfallen lassen und Ihre Gefühle in einen positiven Zusammenhang stellen können, ist das noch besser. Ein Beispiel: „Weißt du, manches was du tust, gibt mir wirklich das Gefühl, geliebt und geschätzt zu werden. Wenn du pünktlich zum Essen nach Hause kommst oder mir sonst vorher Bescheid gibst, zum Beispiel. Damit zeigst du mir deine Liebe, und ich brauche das wirklich."

   Wecken Sie Ihren Mann nicht mit den Worten: „Kannst du nicht eher aufstehen und dich auch einmal um die Kinder kümmern?" Wählen Sie lieber einen Zeitpunkt, wenn er nicht müde ist, und versuchen Sie es mit etwas wie: „Du arbeitest wirklich hart für die Familie. Ich wünschte, ich hätte deine Energie, dann würde ich morgens deine Hilfe nicht brauchen. Aber ich habe deine Hilfe wirklich nötig. Sonst kann ich dir, fürchte ich, nicht das geben, was du brauchst. Und gerade das wird mir immer wichtiger." Oder: „Du arbeitest so hart für die Familie, und ich verlange wirklich nicht gerne noch mehr von dir. Aber du könntest etwas Besonderes für mich tun. Es wird mir oft zu viel, morgens die Kinder für die Schule fertig zu machen. Wenn du mir dabei helfen würdest, würde mir das das Gefühl geben, etwas ganz Besonderes zu sein."

Wenn Sie lernen, Ihre Gefühle ruhig zu äußern, werden heftige und zornige Reaktionen von seiner Seite allmählich immer seltener werden. Das dauert vielleicht eine Weile, aber wenn Sie nicht aufgeben, werden Sie eine Veränderung bemerken. Der Grundsatz: „Eine linde Antwort stillt den Zorn“ (Sprüche 15,1) funktioniert tatsächlich, solange Sie Ihre „linde Antwort“ nicht selbstgerecht oder sarkastisch vortragen.

Sie sollten Ihrem Mann Ihre Gefühle solange mitteilen, bis er sie versteht. Es kann sein, daß Sie ihm wochenlang immer wieder erklären müssen, daß ein bestimmtes Verhalten Ihnen das Gefühl gibt, in seinen Augen wertlos zu sein. Zuerst wird er seine Handlungen verteidigen oder Ihnen erklären, warum Ihre Gefühle unberechtigt oder unlogisch sind. Sagen Sie einfach immer wieder, daß es Ihnen nicht darum geht, Ihre Gefühle zu rechtfertigen, sondern darum, sie ihm offen und ehrlich mitzuteilen. Ob er sie für logisch hält, ändert nichts an der Tatsache, daß Sie nun einmal genau diese Gefühle haben. Sie sind einzigartig, und selbst wenn Sie der einzige Mensch auf der Welt mit solchen Gefühlen wären, muß er trotzdem verstehen, wie *Sie* empfinden.

5. Verzichten Sie auf Kommentare der Art: „Ich hab' dir's ja gleich gesagt!“

Solche Kommentare gibt es in großer Vielzahl, und man sollte sie alle tunlichst vermeiden. Sie spiegeln Ichbezogenheit und Arroganz wieder, und sind für Ihre Ehebeziehung nur abträglich.

Einige der typischsten Arten, zu sagen: „Ich hab' dir's ja gleich gesagt“ sind:

Wenn du auf mich gehört hättest ...
Ich hab's ja gewußt ...
Das hab' ich mir gleich gedacht ...
Ich habe dich nur um das Eine gebeten und ...
Kaum zu glauben, daß du ...
Du hörst ja nie auf mich ...
Siehst du!
Du mußt ja immer deinen Kopf durchsetzen!
Nun, bist du jetzt zufrieden?
Ich will ja gar nichts sagen ...
Vielleicht hörst du das nächste Mal auf mich!
Überlegen Sie sich mindestens fünf Äußerungen, mit denen Sie schon das Gleiche ausgedrückt haben.

Am Anfang werden Sie vielleicht etwas enttäuscht und frustriert sein, wenn Sie die oben dargestellten Prinzipien in die Praxis umsetzen. Ihre edelsten Motive werden vielleicht kritisiert oder belächelt werden, aber lassen Sie sich nicht entmutigen! Ein uralter Grundsatz, der sich täglich in allen Ehen bewahrheitet, lautet: Man erntet, was man gesät hat.

Wenn Sie nicht aufgeben, sich die eben beschriebenen Eigenschaften anzueignen und dementsprechend zu handeln, werden Sie schließlich dieselben Eigenschaften bei Ihrem Mann wiederfinden.

Laut Dr. Howard Hendricks geht aus Untersuchungen hervor, daß Kinder ihren Eltern gehorchen oder ihre Wertvorstellungen übernehmen, weil sie sehen, was ihre Eltern *sind*, und nicht so sehr weil sie hören, was ihre Eltern *sagen*.

Dieser Grundsatz gilt meiner Meinung nach auch für die Beziehung zwischen Mann und Frau. Wenn Ihr Mann die Eigenschaften, die Sie an ihm vermissen, in Ihrem täglichen Leben erkennt, wird ihn das dazu motivieren, Ihrem Beispiel zu folgen.

Zum Nachdenken

Überlegen Sie sich zehn „linde Antworten“, die Sie Ihrem Mann in kritischen Momenten geben könnten. (Sprüche 15,1)

5

Wie Sie Ihren Mann dazu motivieren können, Ihnen zuzuhören

„Ein Knecht aber des Herrn soll nicht zänkisch sein, sondern freundlich gegen jedermann, zum Lehren *geschickt, . . .“* (2. Tim. 2,24)

Nach heutigen Maßstäben führte Lois eine ganz gute Ehe. Sie hielt ihren Mann für einen guten und fürsorgenden Familienvater. Doch Romantik gab es in ihrer Ehe nicht mehr, und ihre zärtlichen Gefühle für Mark waren ziemlich unbeständig. Sie beschloß, alles in ihrer Macht Stehende zu tun, um ihre Wunschvorstellungen von einer Ehe zu verwirklichen.

Sie las verschiedene Bücher darüber, was sie tun könnte, um eine bessere Ehefrau zu werden. Ihre Begeisterung für das Thema wuchs von Tag zu Tag.

Nach einigen Wochen stieß sie auf zwei Bücher, die sich an Männer richteten und ihnen sagten, was sie tun könnten, um ihre Ehe zu festigen. Sie nahm beide für Mark mit und beschloß, sie ihm nach dem Abendessen zu geben. Schließlich kam der Augenblick der Wahrheit. Sie ging zu Mark hinüber und sagte lächelnd: „Liebling, ich habe mich in letzter Zeit wirklich sehr darum bemüht, eine bessere Ehefrau zu werden, eine Ehefrau, wie du sie verdienst. Ich habe nun zwei Bücher gefunden, die Ehemännern helfen können, ihre Frauen besser zu verstehen. Würdest du sie für mich lesen?“

Mark sah sie gönnerhaft an und antwortete: „Mal sehen.“ Das war ein sicheres Zeichen der Niederlage, doch sie gab sich noch nicht geschlagen. Sie sagte, mit ein wenig mehr Nachdruck: „Ich habe in letzter Zeit viele Bücher gelesen und gebe mir die größte Mühe, damit unsere Ehe besser wird. Da kannst du doch wenigstens die zwei Bücher lesen.“

Marks Antwort war Ausrede Nummer vier der „Zehn meistbenutzten Ausreden eines Mannes“. Er sagte: „Liebling, du weißt ja, wieviel ich im Augenblick zu tun habe. Ich werde es versuchen, wenn ich etwas weniger um die Ohren habe.“

Sie wußte, daß das noch eine Weile dauern würde, denn in den neun Jahren ihrer Ehe hatte sie niemals erlebt, daß er „weniger um die Ohren hatte".

Wenn Lois es anders angefangen hätte, hätte sie erreichen können, daß Mark die beiden Bücher innerhalb von drei Abenden ausgelesen hätte. Ja, er wäre wahrscheinlich sogar eher von der Arbeit nach Hause gekommen, nur um sie schon am nächsten Tag durchzuhaben.

Der folgende Grundsatz soll nicht zur Manipulation des anderen eingesetzt werden. Er soll es vielmehr ermöglichen, daß die Gespräche mit Ihrem Mann in einer Atmosphäre der Liebe und Aufmerksamkeit stattfinden können. Sie werden dabei fähig werden, seine tiefsten Bedürfnisse zu entdecken und sich selbstlos ihrer Erfüllung widmen zu können.

Es handelt sich um das „Salzprinzip". Salz macht durstig, und die Anwendung dieses Prinzips soll den anderen durstig machen. Er soll einen Durst nach konstruktiven Gesprächen verspüren, d. h., nach Gesprächen, in denen beide Partner etwas über die Bedürfnisse des anderen lernen.

Das „Salzprinzip" läßt sich folgendermaßen zusammenfassen:

Teilen Sie niemals eine für Sie wichtige Sache mit, ohne beim Zuhörer eine brennende Neugier geweckt zu haben.

Dieses Prinzip kann selbst von einem Kind leicht erlernt werden. Eines Tages kam meine siebenjährige Tochter weinend ins Haus gelaufen. Ich rief sie zu mir herüber und fragte sie, was denn los sei. Sie antwortete mir, daß ihre Freundin ihr niemals zuhöre. Jedesmal, wenn Karin ihr etwas erzählen wollte, unterbrach sie die Freundin sofort und fing selbst an zu reden. Karin hatte das Gefühl, daß alles, was sie sagte, unwichtig war, weil die Freundin ihr nie zuhörte.

Ich fragte Karin, ob sie gerne lernen wollte, das Interesse ihrer Freundin zu wecken. Sie kletterte auf meinen Schoß und war ganz Ohr. Ich fragte sie: „Was wolltest du deiner Freundin denn erzählen?"

Sie antwortete: „Ich wollte ihr sagen, was ich mit meinem Puppenhaus gemacht habe, aber sie wollte es nicht hören."

Ich erklärte Karin, daß sie zuerst einmal die Aufmerksamkeit ihrer Freundin erregen müsse. Durch ein oder zwei Bemerkungen könnte die Freundin so neugierig werden, daß sie mehr hören wollte. Diese

Bemerkungen müßten mit *Begeisterung* vorgebracht werden. Wir überlegten uns, daß sie in etwa folgendes sagen könnte: „Du wirst nicht glauben, was ich mit meinem neuen Puppenhaus gemacht habe!"

Nach einer kurzen Pause könnte sie dann darauf zurückkommen und sagen: „Meine Eltern konnten kaum glauben, was ich damit gemacht habe."

Als ich am nächsten Tag von der Arbeit nach Hause kam, strahlte Karin vor Freude. Sie erzählte mir, daß unser Plan so gut geklappt habe, daß ihre Freundin ihr nicht nur zugehört habe. Sie sei sogar herübergekommen und habe mit dem Puppenhaus gespielt.

Natürlich sind die Situationen bei Erwachsenen komplizierter, aber das Prinzip ist dasselbe. Weckt man Neugier, bekommt man Aufmerksamkeit geschenkt.

Faye machte sich Sorgen, weil Jack sich keine Zeit für ihren Sohn Randy nahm. Jack hatte so viel zu tun, daß er sehr wenig Zeit mit Randy verbrachte, wenn er zu Hause war. Faye war sich darüber im klaren, wie sehr ihr Sohn seinen Vater brauchte, aber Jack war meist viel zu beschäftigt, um ihr zuzuhören. Faye beschloß, es mit dem Salzprinzip zu probieren.

Und das ging so:

Faye: *(Salz)*	Ich habe heute von der Schule etwas über Randy erfahren, was mir große Sorgen macht.
Jack:	Was hast du denn erfahren?
Faye: *(Mehr Salz)*	Ich weiß gar nicht, was wir da machen können . . . Ich bin wirklich beunruhigt.
Jack:	Nun, was ist es denn?
Faye:	Wenn du nicht mithelfen kannst, wird es uns wahrscheinlich eine Menge Geld kosten.
Jack:	Faye, wovon redest du überhaupt?
Faye: *(„besondere Hilfe" ist das Salz für das Folgende)*	Randys Lehrerin hat angerufen. Sie sagte, Randy habe Schwierigkeiten mit dem Lesen. Wenn er jetzt nicht besondere Hilfe bekommt, könnte ihn das in seiner ganzen Ausbildung behindern.
Jack:	Was meinst du mit „besonderer Hilfe"?
Faye:	Die Lehrerin hat mir erklärt, daß du oder ich irgend etwas tun müßten, sonst würden wir später vielleicht

	viel Geld ausgeben müssen, um den Schaden korrigieren zu lassen. Sie sagte, je länger man wartet, desto schlimmer wird es.
Jack:	Was könnten wir denn jetzt tun?
Faye: (Salz)	Nun, ich kann nicht sehr viel tun. Aber sie sagte, du könntest etwas tun.
Jack:	Und was?
Faye: (mehr Salz)	Wenn du es regelmäßig tust, könnte es sogar das ganze Problem lösen, hat sie gesagt. Ich habe ihr geantwortet, daß du sehr beschäftigt bist und daß ich nicht wüßte, ob du die Zeit dazu haben würdest...
Jack:	Die Zeit nehme ich mir schon. Was ist es?
Faye:	Sie sagte, das Problem habe etwas mit der Motorik zu tun. Wenn du beispielsweise regelmäßig mit ihm Fußball spielen würdest, würde sich die Koordination von Sehen und Bewegung verbessern, und sie könnte ihm dann helfen, seine Leseschwäche zu überwinden.

Heute, vier Jahre später, spielt Jack immer noch mit Randy Fußball. Es macht ihm nicht nur Spaß, sondern er hat auch die Befriedigung zu wissen, daß er etwas für Randy getan hat, was sonst niemand hätte tun können. Das alles war nur möglich, weil Faye sich die Zeit genommen hat, das Salzprinzip anzuwenden, und auf kreative Weise ein echtes Anliegen vorgebracht hat.

Wenn man theoretisch weiß, daß man die Neugier des anderen erregen muß, ist das schön und gut. Es in die Praxis umzusetzen, ist aber eine ganz andere Sache.

Wahrscheinlich fragen Sie sich jetzt: „Und was nun? Wie soll ich das Salzprinzip in meiner Situation anwenden?“

Deshalb wollen wir das Prinzip noch etwas näher betrachten.

Wie Sie das Interesse Ihres Mannes bekommen und behalten können

1. Der erste Schritt besteht darin, das Bedürfnis oder Anliegen, das Sie Ihrem Mann mitteilen wollen, klar zu definieren.

   In unserem Beispiel wollte Lois, daß Mark von einem anderen Mann etwas über die Bedürfnisse einer Frau lernt. Genauer gesagt, wollte sie, daß er die beiden Bücher liest, die sie gerade für ihn gekauft hatte. Im zweiten Beispiel wollte Faye, daß Jack mehr Zeit mit Randy verbringt.

2. Der zweite Schritt besteht darin, den Bezug zu Gebieten zu finden, die für Ihren Mann von größtem Interesse sind.

   An diesem Punkt scheiterte Lois, Faye hatte Erfolg. Lois teilte ihrem Mann einfach mit, woran sie interessiert war (einer glücklicheren Ehe). Es gelang ihr jedoch nicht, ihr Interesse mit einem Interesse ihres Mannes in Beziehung zu setzen.

   Er sah nicht ein, daß er überhaupt Hilfe brauchte, um ein besserer Ehemann zu werden, deshalb war dieses Thema für ihn nicht von besonderem Interesse.

   Faye dagegen war in diesem Punkt erfolgreich. Sie wußte, daß ihr Mann mehr Interesse an seiner Arbeit hatte als daran, Zeit mit Randy zu verbringen. Von früheren Gesprächen wußte sie aber auch, daß er an der Ausbildung seines Sohnes sehr interessiert war. Sie erkannte dieses Interesse und erinnerte sich an das, was Randys Lehrerin über seine Leseschwäche gesagt hatte. Da die Koordination zwischen Sehen und Bewegung eine wesentliche Ursache des Problems war, dachte sie, daß alles, was Jack mit Randy spielen würde, um diese Koordination zu verbessern, zur Lösung des Problems beitragen würde.

   Und dann kam ihr die Idee mit dem Fußball. Sie erkannte, wie sie Jacks Interesse (Randys Ausbildung) mit ihrem eigenen Interesse (Jack sollte mehr Zeit mit Randy verbringen) in Beziehung setzen und gleichzeitig eine Lösung für Randys Leseschwäche herbeiführen konnte.

   Lois hätte an diesem Punkt nicht scheitern müssen. Von Mark weiß ich, daß sein sexuelles Verlangen viel größer ist als das von Lois. Lois wußte daher sicher genau, daß Mark sehr daran interessiert war, ihr sexuelles Verlangen zu erhöhen. Dieses große Interesse hätte sie dazu benutzen können, um ihn für die zwei Bücher zu interessieren. Wie sie das hätte tun können, sehen Sie an den zwei nächsten Schritten.

3. Machen Sie sich sein besonderes Interesse zunutze und geben Sie ihm nur so viel Information, daß seine Neugier gesteigert wird.

   Da Lois von Marks unermeßlichem sexuellen Verlangen wußte, hätte sie etwa so anfangen können: „Diese zwei Bücher sind wirklich unglaublich! Ich habe darin gelesen, als du bei der Arbeit warst. Aber schließlich konnte ich gar nicht weiterlesen, solch eine Wirkung haben sie auf mich gehabt. Ich habe solch eine Sehnsucht nach deiner Zärtlichkeit bekommen, daß ich mir wünschte, du wärst zu Hause gewesen."

Wie ich Mark kenne, hätte er ihr garantiert seine ungeteilte Aufmerksamkeit geschenkt. Selbst das Endspiel der Fußballweltmeisterschaft wäre in diesem Augenblick zur Nebensache geworden.

4. Salzen Sie noch etwas nach. Gehen Sie nicht sofort auf seine durch die erste Prise Salz hervorgerufene Reaktion ein. Machen Sie eine kleine Pause und steigern Sie seine Neugier.

Auf die erste Prise Salz hätte Mark wahrscheinlich mit einer der folgenden Antworten reagiert:

- Im Ernst? Was stand denn da?
- Wirklich? Laß mal sehen.
- Es ist nicht zu spät. Jetzt bin ich ja zu Hause.

Nun verabreicht Lois ihm die zweite Dosis Salz, *ohne* auf Marks wachsende Neugier einzugehen. Sie könnte etwa sagen: „Sie sind einfach unglaublich. Sie sagen einem Mann genau, was er tun muß, um seine Frau in Stimmung zu bringen. Diese Autoren wissen wirklich, was ich in dieser Hinsicht brauche."

5. Stellen Sie eine kurze Frage. Dadurch können Sie entweder erreichen, daß er verspricht, auf ihr Interesse einzugehen, oder daß ihm klar wird, worauf Sie eigentlich hinauswollen.

An diesem Punkt kann Lois erreichen, daß Mark ihr verspricht, eines der Bücher zu lesen. Sie kann dazu eine kurze Frage stellen: „Hast du schon mal ein Buch gelesen, das fünf Dinge beschreibt, denen eine Frau nicht widerstehen kann?" oder: „Hast du je etwas über die fünf Dinge gelesen, die mich in Stimmung bringen?"

Lois hatte dabei nicht das Ziel, ihren Mann dazu zu bringen, ihr sexuelles Verlangen zu manipulieren. Sie wollte, daß er die zwei Bücher liest, weil sie ihn ermutigen würden, sich so zu verhalten, daß ihre emotionale Beziehung verbessert würde. Sie wußte, daß die „fünf Dinge" ihren Mann dazu motivieren würden, ihr mit größerer Zärtlichkeit und Achtung zu begegnen. Und dies würde ihr helfen, im sexuellen Bereich auf ihn eingehen zu können.

6. Wenn Sie diese fünf Schritte unternehmen, und er immer noch nicht genug Interesse zeigt, dann salzen Sie weiter!

Lois hätte noch mehr Salz zugeben können, durch eine Bemerkung wie: „Ich bin ganz froh, daß du noch nichts darüber weißt; sonst kämen wir wahrscheinlich zu gar nichts anderem mehr!"

Wie schon zu Anfang des Kapitels erwähnt, ist das Salzprinzip unfehlbar, wenn es richtig angewandt wird. In Liebe und Kommunikation kann alles entweder zum Nutzen oder zum Schaden eingesetzt werden – und das Salzprinzip ist da keine Ausnahme.

Wenn es wirken soll, muß man einige Dinge unbedingt vermeiden.

Was man beim Salzen nicht tun darf

1. Bitten oder fordern Sie nie zu Anfang des Gesprächs, daß er Ihnen Zeit oder Aufmerksamkeit schenken soll.

Wenn Sie das Salzprinzip anwenden wollen, beginnen Sie nie ein Gespräch mit Äußerungen, wie z. B.:

- Kann ich dich einen Augenblick sprechen?
- Ich muß mit dir reden!
- Können wir später etwas Wichtiges besprechen?
- Ich will schon lange etwas mit dir besprechen. Bitte, laß uns heute abend darüber reden.

Einleitungen dieser Art erzeugen meist eine negative Reaktion, da einige Ehemänner es sich nicht vorstellen können, daß man sich extra Zeit „nur zum Reden" nimmt. Deshalb ist es gut möglich, daß er Sie durch seinen Mangel an Interesse verletzt.

Der folgende Dialog schildert eine typische Situation.

Alice: Ich würde gern nach dem Abendessen einige Dinge mit dir besprechen. Einverstanden?

Fred: Heute abend kommt ein Fußballspiel im Fernsehen, auf das ich mich schon den ganzen Tag gefreut habe. Außerdem muß ich noch einige unerledigte Dinge aufarbeiten.

Alice: Wir können ja reden, wenn du damit fertig bist. Es ist wirklich wichtig.

Fred: Sieh mal, ich würde ja gern mit dir reden, aber es war ein anstrengender Tag, und ich bin wirklich müde. Vielleicht morgen.

Alice: Immer gibt es etwas anderes. Du willst nie deine Zeit mit mir verbringen.

Und da fängt der Streit an. An Stelle von Einleitungen, sollten Sie eine Bemerkung machen, die Neugier hervorruft.

2. Beginnen Sie das Gespräch nicht mit Ihrem Hauptanliegen oder Lösungsvorschlag.

Wenn Faye beispielsweise die Unterhaltung mit den folgenden Worten begonnen hätte, wäre Jacks Reaktion ganz anders ausgefallen.

Faye: Liebling, für Randy ist es wichtig, daß du mehr Zeit mit ihm verbringst. Wenn du mit ihm Fußball spielen würdest, würde das auch seine Schwierigkeiten mit dem Lesen vermindern. Kannst du nicht in Zukunft mit ihm Fußball spielen?

Jack: Ich würde gerne mit meinem Sohn spielen, aber ich habe einfach nicht die Zeit dazu. Du kennst ja mein Arbeitspensum.

3. Versuchen Sie nicht, ihn mit Ihren ersten Argumenten zu überzeugen.

Oft neigen Frauen zu der Ansicht, es gebe nur einen einzigen Weg, ihren insensiblen Mann zu etwas zu veranlassen: nämlich mit einer drastischen oder drohenden Bemerkung nachzuhelfen.

Faye: Liebling, du mußt in Zukunft mehr Zeit für Randy haben, sonst wird es echte Probleme geben.

Jack: Sag mir nicht, was ich zu tun habe. Ich habe nicht die Zeit, mit ihm zu spielen und nebenbei auch noch meine Arbeit zu erledigen. Warum gehst *du* denn nicht arbeiten, und ich bleibe den ganzen Tag zu Hause? Dann hätte ich viel Zeit, mit ihm zu spielen.

Geben Sie nicht auf! Das Salzprinzip funktioniert sogar dann, wenn der andere genau weiß, was man beabsichtigt.

Wenn Sie mit dem Salzprinzip nicht von Anfang an Erfolg haben, dann geben Sie nicht gleich auf! Vielleicht müssen Sie erst ein paar

Versuche machen, ehe Sie es beherrschen. Aber mit etwas Geduld und Übung wird es sicher klappen. Ich habe noch nie jemanden getroffen, der es nicht gelernt hätte, wenn er es nur lange genug probierte. Überraschenderweise funktioniert es sogar dann, wenn der andere unser Vorhaben kennt.

Die folgenden Anregungen können Ihnen helfen, dieses Prinzip auf Ihre unmittelbaren Bedürfnisse und Anliegen zuzuschneiden. Wenn Sie sich etwas Zeit dafür nehmen, werden Sie sich eher daran gewöhnen, das Salzprinzip in Ihr Denken miteinzubeziehen.

1. Schreiben Sie vier Ihrer aktuellen Bedürfnisse und Anliegen auf, für die Sie sich mehr Verständnis von Ihrem Mann wünschen (z. B. ein materielles Bedürfnis; Ihre Einstellung zu einer Person; etwas, was Sie gerne mit ihm gemeinsam unternehmen möchten; eine „Wunde", die er verstehen soll.)

1. ______________________________
2. ______________________________
3. ______________________________
4. ______________________________

Beispiel:

1. Meine Einstellung zu seiner Mutter
2. Meine Angst vor einem neuen Umzug
3. Mein Verlangen nach Verständnis und nicht nach Belehrungen
4. Mein Wunsch, mehr Zeit mit ihm zu verbringen

2. Denken Sie an fünf Gebiete, die für Ihren Mann von besonderem Interesse sind: z. B. Hobbys, geschäftliche Projekte, seine Karriere, religiöse Belange, Freunde, Sport, Fernsehsendungen.

1. ______________ 4. ______________
2. ______________ 5. ______________
3. ______________

Beispiel:

1. Erfolg im Beruf
2. Sexuelle Erfüllung
3. Interesse am Wohlergehen der Kinder
4. Die Anerkennung seiner Kollegen
5. Die Beziehung zu Gott

3. Überlegen Sie sich mindestens zwei Äußerungen oder Fragen, die seine Neugier hinsichtlich eines Ihrer Bedürfnisse oder Anliegen wecken würden. Versuchen Sie, einen Bezug zu einem seiner fünf besonderen Interessen herzustellen.

1. ____

2. ____

Beispiel:

1. Weißt du, was nach Meinung der Psychologen der entscheidendste Faktor für die emotionale Stabilität eines Kindes ist?
2. Wenn du und ich hier zusammenarbeiten würden, würden die Kinder nicht nur emotional stabiler werden, sondern ich würde wahrscheinlich ein größeres sexuelles Verlangen entwickeln, einfach durch das Zusammensein mit dir.

Sie spricht hier über ihr Bedürfnis, mit ihm zusammenzusein, *und* sie bringt es mit zwei wichtigen Bereichen seines Lebens in Verbindung – mit seinem Interesse am Wohlergehen der Kinder und seinem Wunsch nach größerer sexueller Erfüllung. In diesem Beispiel hatte die Frau sich an etwas erinnert, das sie einmal gelesen hatte; nämlich, daß Kinder ausgeglichener werden, wenn sie zwischen ihren Eltern beständige Zuneigung und Wärme spüren. Sie brachte das alles unter einen Hut und machte zwei „salzige“ Äußerungen daraus.

Je länger Sie von dem Salzprinzip Gebrauch machen, desto effektiver werden Sie es einsetzen können. Sie werden feststellen, daß es nicht nur bei Ihrem Mann funktioniert, sondern bei allen anderen Menschen, deren ungeteilte Aufmerksamkeit Sie haben möchten.

Zum Nachdenken

Welches Beispiel hat uns Jesus für das Salzprinzip gegeben? Er hat nie seine Zeit damit vergeudet, wichtige Wahrheiten Menschen mitzuteilen, die dafür kein Interesse hatten. Er sagt sogar, daß wir die Wahrheit nicht den Desinteressierten verkündigen sollen (Matt. 7,6). Jesus benutzte Gleichnisse und Fragen, um Neugier zu wecken.

6

Wie Sie Ihren Mann dazu bewegen können, sich zu ändern

„. . . *auf daß auch die (Männer), die nicht glauben an das Wort, durch der Frauen Wandel* ohne Wort *gewonnen werden,* . . .“
1. Petrus 3,1 (Hervorhebung des Verf.)

Wie oft haben Sie schon versucht, Ihrem Mann zu erklären, daß Sie im Alltag seine emotionale Zuwendung brauchen, wenn er ein erfülltes Intimleben mit Ihnen haben will? Sie brauchen Zärtlichkeit, Zuwendung, Rücksicht und Romantik, *bevor* Sie sich vorbehaltlos hingeben können. Genauso muß er in Ihrem täglichen Leben bestimmte Eigenschaften wahrnehmen, die ihn Ihre Bedürfnisse erkennen und Ihre Gefühle verstehen lassen, ehe er auf diese Bedürfnisse und Gefühle eingehen kann.

Wenn ein Mann bei der Hochzeit so wenig darüber weiß, wie er die Bedürfnisse seiner Frau erfüllen kann, ist es für ihn unbedingt notwendig, daß seine Frau ihm ihre Bedürfnisse und Gefühle erklärt und ihm dann auch zeigt, wie er darauf eingehen kann. Er wird viel eher bereit sein, das zu lernen, wenn sechs bestimmte Eigenschaften in Ihrem Leben spürbar sind.

Wahrscheinlich sind alle sechs schon mehr oder weniger ausgeprägt in Ihrem Charakter vorhanden, und wenn Sie daran arbeiten, werden sie sich weiterentwickeln und größeren Einfluß auf Ihre Persönlichkeit gewinnen. Findet eine solche Entwicklung statt, wird Ihr Mann sich mehr bemühen und lernen wollen, Sie so zu lieben, wie Sie es gerne möchten.

Diese sechs Eigenschaften, die die innere Schönheit ausmachen, lassen Ihren Mann aufhorchen

Während Ihrer Schulzeit haben Sie wahrscheinlich festgestellt, daß manche Unterrichtsstunden viel mehr Spaß machten als andere, einfach weil Sie den Lehrer mochten. Das Lernen war leichter und angenehmer, wenn der Lehrer bestimmte Charaktereigenschaften besaß.

Wenn jemand Mut, Ausdauer, Dankbarkeit, innere Ruhe, Sanftmut und selbstlose Liebe ausstrahlt, ist es leichter, seine Worte anzunehmen und seinen Anweisungen oder seinem Beispiel zu folgen. Das gilt auch für Ihre Ehe. Diese Eigenschaften müssen vorhanden sein, ehe Ihr Mann wirklich von Ihnen lernen will.

Mut

Mut ist der innere Vorsatz, ein lohnendes Ziel zu verfolgen, ohne die Hoffnung aufzugeben.

Viele Frauen haben schon die Hoffnung aufgegeben, daß ihre Ehe sich jemals bessern wird. Wenn eine Frau diese Hoffnung verloren hat, verliert sie auch an Attraktivität für ihren Mann, und die Beziehung wird immer weniger mit „Leben" erfüllt sein.

Wie mutlos Sie auch sein mögen, es ist *nie* zu spät, wieder Hoffnung zu schöpfen und neues Leben in die Beziehung zu bringen.

Joyce und Greg waren seit drei Jahren verheiratet. Joyce erwartete ihr erstes Kind, als sie entdeckte, daß Greg sich mit einer anderen Frau traf. Schon vor dieser Entdeckung hatte sie immer weniger für Greg empfunden, und als die Affäre schließlich ans Licht kam, war dies das Ende ihrer Liebe. Aus Liebe war zuerst Haß, dann Gleichgültigkeit geworden.

Eines Tages beim Mittagessen brach sie das inzwischen üblich gewordene Schweigen und fragte Greg, woran er gerade denke. Mit zwei Worten machte er den kleinen Rest an Hoffnung, der ihr noch geblieben war, völlig zunichte. Er antwortete: „An sie." Nachdem er wieder zur Arbeit gegangen war, bekannte Joyce im Gebet, daß sie jetzt überhaupt keine Hoffnung mehr habe. Doch an diesem Punkt blieb sie nicht stehen. Sie betete weiter, wenn Gott ihr neue Hoffnung oder neue Liebe für Greg schenken würde, wolle sie das annehmen.

Zu ihrer Überraschung ertappte sie sich in der nächsten Zeit immer wieder dabei, wie sie verschiedene kleine Dinge für ihren Mann tat, obwohl sie keine Liebe für ihn empfand. Innerhalb von drei Wochen bemerkte Greg eine solche Veränderung bei Joyce, daß er sich zu ihr viel mehr hingezogen fühlte als zu der anderen Frau. Er schämte sich sogar dafür, wie er sie behandelt hatte. Er trennte sich schließlich von der anderen Frau, und gemeinsam mit Joyce widmete auch er sich immer mehr der Aufgabe, ihre Beziehung zueinander und zu Jesus erfüllter zu gestalten. Als Joyce Gott sagte, daß sie *bereit* sei, neue Hoffnung und neue Liebe für Greg von Ihm zu empfangen, hatte sie Mut bekommen.

Joyce *und* Greg haben mir gesagt, daß ihre Beziehung jetzt so tief ist, daß sie sich kaum noch verstellen können, wie leer sie früher war.

Der erste Schritt zu mehr Mut ist der feste Vorsatz, sich *aktiv dafür einzusetzen,* daß die Beziehung erfüllter wird, und an der Verbesserung der Ehe zu arbeiten. Eines der größten Hindernisse für eine glückliche Ehe ist das Festhalten an unrealistischen Vorstellungen. Diese unrealistischen Vorstellungen entstehen schon in der Kindheit und erreichen bei der Trauung ihren Gipfelpunkt. Deshalb sagen viele Psychologen, daß in dem Moment, als Sie und Ihr Mann „Ja" sagten, eigentlich *sechs* Personen den Bund fürs Leben schlossen.

Auf seiten der Braut standen:

1. Die Person, für die Sie sich hielten
2. Die Person, für die er Sie hielt
3. Die Person, die Sie *tatsächlich* waren

Auf seiten des Bräutigams standen:

1. Die Person, für die er sich hielt
2. Die Person, für die Sie ihn hielten
3. Die Person, die er *tatsächlich* war

Das Geheimnis einer glücklichen Ehe besteht darin, diese sechs verschiedenen Vorstellungen zu einer einheitlichen, realistischen Beziehung zu verknüpfen. Und das *ist* möglich und *kann* tatsächlich geschehen. Das heißt lieben lernen, und genau dies lernen Sie, wenn Sie dieses Buch lesen. Länger verheiratete Paare haben dabei genauso viel für ihre Beziehung zu gewinnen wie jungverheiratete.

Kürzlich erzählte mir eine jungverheiratete Frau, sie habe bei der Hochzeit geglaubt, sie heirate einen der letzten feinfühligen Männer auf der Welt. Innerhalb eines Jahres mußte sie erfahren, daß er keineswegs so sensibel oder „von Natur aus romantisch" war, wie sie immer geglaubt hatte. Vor der Hochzeit schienen seine Rücksichtnahme und Aufmerksamkeit seinem innersten Wesen zu entspringen. Jetzt war sie enttäuscht und sogar verärgert, weil sie nicht zu seinen natürlichen Umgangsformen gehören. Er muß sich tatsächlich die kleinste Gefälligkeit vorher genau überlegen. Wenn sie ihre Unzufriedenheit laut werden läßt, sieht er sie erstaunt an und fragt:

„Was soll ich denn machen?" Wie die meisten Frauen ärgert sie diese Frage nur noch mehr, da sie der Meinung ist: „Wenn ich ihm erst sagen muß, was er tun soll, verliert die Sache ihren ganzen Wert."

Dieselbe Geschichte habe ich schon unzählige Male gehört. Deshalb ist es so wichtig, eine klare Vorstellung von dem zu haben, was eine gute Ehe ausmacht. Nun will ich Ihnen aber nicht erzählen, wie ich mir eine gute Ehe vorstelle. Welche der folgenden Dinge würden *Sie* sich für Ihre Ehe wünschen? Sie können beliebig viele davon ankreuzen.

Meine Ehe wäre viel besser, wenn mein Mann ...

☐ mir das Gefühl gäbe, geachtet und wichtiger als seine Arbeit, seine Verwandten, seine Freunde und seine Hobbys zu sein.

☐ sich ernstlich bemühen würde, meine Gefühle und Bedürfnisse zu verstehen und zu lernen, liebevoll darauf einzugehen.

☐ aufrichtig Vergebung wünschen und erbitten würde, wenn er meine Gefühle oder die der Kinder verletzt hat.

☐ das, was ich bin und tue, wirklich anerkennen und aufrichtig loben würde.

☐ meine Sensibilität als Stärke anerkennen und es dankbar annehmen würde, daß ich ihm dabei helfen will, selbst sensibler zu werden.

☐ die Grenzen meiner körperlichen Kräfte verstehen und mir mit den Kindern und dem Haushalt helfen würde.

☐ mir Geborgenheit und Trost geben würde, wenn ich niedergeschlagen oder traurig bin, ohne mich zu kritisieren oder zu belehren.

☐ mich so respektierte, daß er meine Meinung und meinen Rat *gerne* annehmen würde, wenn es um Entscheidungen geht, die unsere Familie betreffen.

☐ mich gerne zum besten Freund hätte und selbst gerne mein bester Freund wäre.

☐ nicht versuchen würde, mir Wertvorstellungen und Ideale aufzuzwingen, die er selbst nicht verwirklicht, d. h. wenn er aufhören würde, mit zweierlei Maß zu messen.

Jede dieser Aussagen stellt ein lohnendes, erreichbares Ziel dar. In den folgenden Kapiteln wird jede einzelne ausführlich behandelt. Es werden konkrete Schritte aufgezeigt, die Sie umgehend unternehmen können, um diese Ziele in Ihrer Ehe zu verwirklichen.

Der erste Schritt zu mehr Mut ist also der Vorsatz, sich aktiv für eine Verbesserung der Ehe einzusetzen. Der zweite Schritt ist der feste Vorsatz, den *Widerstand,* auf den Sie vielleicht bei Ihrem Mann stoßen werden, zu *ertragen.* Sie dürfen dabei nicht vergessen, daß er im Augenblick wahrscheinlich sehr viel weniger an einer Verbesserung Ihrer Ehe interessiert ist.

Schon kurz nach ihrer Hochzeit war Denise entsetzt darüber, daß Jerry sich als Ehemann ganz anders verhielt als vor der Hochzeit. Sie war entmutigt, aber nachdem sie sich einer Gruppe von Ehepaaren angeschlossen hatte, mit der ich mich regelmäßig treffe, faßte sie den Vorsatz, sich für eine Verbesserung ihrer Ehe einzusetzen. In den ersten Monaten stieß sie bei Jerry zunehmend auf Widerstand und Opposition. Als sie einmal krank war, versuchte sie ihm mitzuteilen, wie schwach sie sich fühlte. Sie sagte ihm, daß sie seinen Trost und seine Hilfe im Haushalt so sehr bräuchte. Seine spontane Antwort lautete: „Na, komm schon, reiß dich zusammen. Du schaffst es schon." Dann deutete er noch an, daß seine Mutter sich nie so benommen habe, wenn *sie* einmal krank war.

Jerry veränderte sich nicht von einem Tag zum anderen. Bei einer anderen Gelegenheit bat Denise (sie ist Lehrerin) ihn, doch einmal in ihre Schule zu kommen und sich anzusehen, wie sie und ihre Schüler ihr Klassenzimmer ausgestaltet hatten. Sie hatte viele Ideen und viel Arbeit beigesteuert und war auf das Ergebnis wirklich stolz. Wiederum zeigte sich ihr Märchenprinz als Herr der Lage und erwiderte sarkastisch: „Ich bitte dich ja auch nicht, mein Büro zu besichtigen. Warum also soll ich dein Klassenzimmer anschauen? Außerdem, wenn man ein Klassenzimmer gesehen hat, hat man alle gesehen."

Doch Jerrys Sarkasmus war nicht das Ende der Geschichte. Da Denise auch den zweiten Vorsatz gefaßt hatte, „den Widerstand auszuhalten", hat Jerry sich geändert. Er hat nun auch den Vorsatz, an einer Verbesserung der Ehe zu arbeiten. Er wird Denise gegenüber immer sensibler und übernimmt von selbst viele Pflichten im Haushalt. Schon allein dadurch sind sie sich viel näher gekommen. Er lernt, Denise mit ihren ganz besonderen Eigenschaften und ihrer persönlichen Sensibilität zu achten.

Wenn Sie sich nun aktiv um eine Verbesserung Ihrer Ehe bemühen, können Sie auf Widerstand und Opposition treffen oder auch nicht. Wie dem auch sei, wichtig ist, daß Sie sich vornehmen, jeden möglichen Widerstand zu ertragen. Wenn Sie darauf warten, daß Ihr

Mann den ersten Schritt zu einer Verbesserung Ihrer Beziehung tut, können Sie unter Umständen sehr, sehr lange warten.

Ausdauer

Ausdauer ist die Fähigkeit, ein Ziel so lange zu verfolgen, bis es erreicht ist.

Jahrelang bestand Kens Reaktion auf Carlas verletzte Gefühle darin, daß er sie belehrte oder ihr vernünftig erklärte, warum sie sich verletzt fühlte und wie sie damit fertigwerden müßte. Diese Erklärungen reichten von dem kurzen Satz: „Du bist zu sensibel" bis hin zu zwanzigminütigen umfassenden Analysen ihrer gesamten Situation. Carla war immer der Meinung, es sei einfach seine Art, sie seine Überlegenheit spüren zu lassen, daß er sie ins Unrecht setzte. Wenn bei einer Party jemand nicht mit ihr sprach, und sie daraus schloß, daß der Betreffende sie nicht mehr mochte, pflegte Ken einfach zu sagen: „Oh, er war nur zu beschäftigt. Du nimmst das alles viel zu ernst!" Wenn sie eine Auseinandersetzung mit seiner Mutter hatte, galt sein ganzes Verständnis seiner Mutter, und Carla bekam nur zu hören: „Du hast zu heftig reagiert" oder „Ich begreife nicht, wie du Mutters Gefühle so verletzen konntest."

Nachdem Carla sich bewußt geworden war, daß Männer erst lernen müssen, auf die Gefühle ihrer Frau einzugehen, begann sie damit jedesmal, wenn sie Trost brauchte, zu Ken zu sagen: „ Halt mir keinen Vortrag. Nimm mich einfach in deine Arme und versteh mich." Die ersten sechs bis sieben Versuche schlugen fehl. Er hielt ihr weiterhin Vorträge (allerdings wurden sie zunehmend kürzer). Schließlich und endlich begriff Ken (klug wie er ist), daß Carla ganz einfach zärtlich, ohne viel Worte, von ihm getröstet werden wollte, anstatt sich seine Predigten anzuhören. So machte er einen Versuch und bemerkte daraufhin bei Carla eine ganz andere Reaktion als sonst. Sie wurde mit ihren verletzten Gefühlen viel schneller fertig, als bei seinen Bemühungen, diese Gefühle wegzuerklären.

Ken sagte mir, daß es ihm die ersten Male schwergefallen sei, Carla nicht zu belehren. Aber seine ruhige Reaktion hätte sich als so viel wirkungsvoller erwiesen, daß sie nun schon eine Selbstverständlichkeit geworden sei. Wenn Carla nur ein einziges Mal etwas gesagt hätte, um Ken zu helfen, sein Verhalten zu ändern, wäre überhaupt nichts geschehen. Doch sie hat nicht aufgegeben, und ihre Ausdauer hat sich für beide gelohnt.

Vor einigen Jahren traf ich einen Mann, der mit seiner Arbeit bei Teenagern sehr viel Erfolg hatte. Er hatte Tausende von jungen Menschen positiv beeinflußt. Ich fragte ihn nach dem Geheimnis seines Erfolges. Seine Antwort überraschte mich: „Das ist ganz einfach. Von 200 Ideen, die ich ausprobiere, funktioniert immer eine!" Jill, ein Mädchen aus seiner Jugendgruppe, folgte seinem Beispiel, nachdem sie geheiratet hatte.

Seit den ersten Wochen ihrer Ehe hatte Jill bemerkt, daß Dave immer seiner Familie den Vorrang einräumte. Als sie dann in eine andere Stadt zogen, wo Dave sein Studium fortsetzen wollte, dachte sie, jetzt würde sie endlich nicht mehr an zweiter Stelle hinter seiner Familie stehen. Doch leider waren 3000 km Entfernung immer noch nicht weit genug. Anrufe, Briefe und Besuche der Familie gossen weiterhin Öl ins Feuer. Jedesmal, wenn Jill jemanden aus seiner Familie kritisierte, ergriff Dave sofort für ihn Partei. Immer wieder versuchte sie, Dave zu sagen, wie sehr es sie schmerzte, daß er ihr seine Familie vorzog. Aber Dave verteidigte sich nur immer.

Einige Jahre nach Abschluß seines Studiums bekam Dave die Gelegenheit geboten, in die Nähe ihrer Heimatstadt zu ziehen. Er dachte, Jill würde davon begeistert sein, weil sie dann ja auch wieder in der Nähe ihrer Familie sein würde. Er konnte gar nicht begreifen, warum sie in Tränen ausbrach, als er ihr von dieser Gelegenheit erzählte. Noch einmal erklärte sie ihm, daß sie Angst davor hatte, in der Nähe seiner Familie zu leben, weil er diese ständig bevorzuge. Wie gewöhnlich verteidigte er sich selbst und war unfähig, die Sache von ihrem Standpunkt aus zu sehen.

Im Urlaub fuhren sie dann in ihre Heimatstadt. Als sie sich von seiner Familie wieder verabschiedet hatten, fragte er sie: „Kannst du mir noch einmal erklären, warum du nicht wieder hierher ziehen willst?" Sie erklärte es ihm noch einmal, und endlich begriff er. Seither konnte er bei vielen Gelegenheiten unter Beweis stellen, daß Jill für ihn an erster Stelle kommt. Sie ist sich dessen nun so gewiß, daß sie sich darauf freut, in ihre Heimat zurückzukehren. So hat wieder einmal die sanfte Beharrlichkeit der Frau für sie und ihren Mann einen dauerhaften Gewinn gebracht.

Dankbarkeit

Dankbarkeit ist die aufrichtige Anerkennung dessen, was andere für uns getan haben

Kürzlich wurde in einer Umfrage unter mehreren Tausend Arbeitern die Frage gestellt, was ihre Arbeitgeber tun müßten, um sie zu höheren Leistungen zu motivieren. Zur Überraschung der Arbeitgeber hatte die häufigste Antwort nichts mit Lohn oder Sozialleistungen zu tun. Die Mehrheit der Arbeiter sagte, daß nur *eines* sie zu größeren Leistungen anspornen würde, nämlich die ausdrückliche Anerkennung des Chefs für ihre persönliche Arbeit.

Wenn Dankbarkeit jemanden dazu motivieren kann, sich in seinem Beruf mehr Mühe zu geben, warum kann sie dann Ihren Mann nicht dazu motivieren, sich zu Hause mehr Mühe zu geben? Die Antwort lautet: „Sie *kann* es! Dankbarkeit, die durch Lob ausgedrückt wird, ist eines der geeignetsten Mittel, einen Mann zu etwas zu motivieren. Wenn Sie sich eine erfülltere Beziehung zu Ihrem Mann wünschen, ist es unerläßlich, daß Sie lernen, dankbar zu sein.

Für unser Leben mit Gott ist das Lob aus einem dankbaren Herzen von größter Bedeutung. Wir nähern uns Ihm durch Lob (Ps. 100,4) und unser Glaube an Ihn zeigt sich in unserer Bereitschaft, Ihm in allen Dingen zu danken, wie negativ sie uns im Augenblick auch erscheinen mögen (1. Thess. 5,18; Röm. 8,28). Wir haben noch nicht gelernt, mit Jesus zu leben, wenn wir nicht gelernt haben, zu sagen: „Herr, ich danke dir ‚dafür'. Ich verstehe es nicht, aber ich vertraue dir, daß du für mich alles zum Besten wenden wirst, weil ich dich liebe."

Kathy und John waren seit 18 Jahren verheiratet. Als Kathy in meine Sprechstunde kam, war sie verzweifelt, weil John Alkoholiker war. Trotz der sich aus seinem Alkoholismus ergebenden Probleme war sie immer noch fest entschlossen, alles für eine Verbesserung der Ehe zu tun. Ich erklärte ihr, daß durch Lob ausgedrückte Dankbarkeit für John eine wirksame Motivation werden könnte, sein Problem zu überwinden. Wir sprachen auch über die anderen in diesem Kapitel behandelten Eigenschaften und wie sie diese in ihrem Leben umsetzen könnte. Als sie mein Büro verließ, war sie so begeistert, daß sie sofort damit anfangen wollte, einige dieser Schritte zu unternehmen.

Einige Wochen später klopfte es an meine Tür, und als ich öffnete, verschlug es mir fast die Sprache. Zu meinem Erstaunen war John gekommen, um mit mir zu sprechen. Er sagte, seit seine Frau mit mir gesprochen habe, hätten sich so viele Dinge in ihrem Leben verändert, daß sie ihm wie ein ganz anderer Mensch vorkomme. Weiter sagte er: „Sie ist so liebevoll und dankbar geworden, daß ich sie einfach nicht weiter verletzen kann. Würden Sie mir helfen?"

Die Geschichte dieses Paares ist ein anschauliches Beispiel dafür, wie wirkungsvoll diese Eigenschaften, und die Dankbarkeit im besonderen, einen Mann motivieren können, sich selbst eine bessere Beziehung zu wünschen. Sie fragen sich vielleicht, welche lobenswerten Eigenschaften ein Alkoholiker haben kann. Kathy gab sich alle erdenkliche Mühe, solche Eigenschaften zu entdecken.

Geben Sie sich alle erdenkliche Mühe, lobenswerte Eigenschaften bei Ihrem Mann zu entdecken.

Mittlerweile ist wohl klar geworden, daß die größte Stärke einer Frau ihre Sensibilität ist. Bei den Bemühungen, bei Ihrem Mann bewundernswerte Eigenschaften zu entdecken, kann die Sensibilität Ihnen die beste Hilfe sein. Als ich Kathy gegenüber zum ersten Mal erwähnte, daß sie John ihre Dankbarkeit zeigen müsse, sah sie mich mit großen Augen an und sagte: „Wofür soll ich denn dankbar sein? Wissen Sie, was es heißt, mit einem Alkoholiker zu leben?" Ich erklärte ihr, daß viele an sich positive Eigenschaften einen negativen Ausdruck finden können. Wir sprachen dann über einige der negativen Züge ihres Mannes, um einige positive Eigenschaften zu entdekken, die sie in Zukunft loben könnte.

Als offenkundigstes Problem sah sie sein Selbstmitleid an. Selbstmitleid kann der negative Ausdruck von Mitgefühl sein, deshalb fragte ich Kathy, ob sie jemals bemerkt habe, daß John am Wohlergehen anderer Menschen Anteil nehme. Sogleich begannen ihr die Augen zu leuchten. Sie antwortete, es sei ihr schon immer aufgefallen, daß er viel Mitgefühl für das Unglück anderer zeige.

Meine nächste Frage war, ob sie jemals bemerkt habe, daß John eine List anwandte, um eine Flasche zu verstecken oder um sich auf ein Glas wegzustehlen. Wieder lächelte sie. Gerissenheit ist häufig die negative Ausdrucksform von Kreativität. (Einer der kreativsten Menschen, von dem ich je gehört habe, ist zwanzig Jahre lang ein Dieb gewesen.) Als ich erklärte, daß Gerissenheit und Kreativität oft verschiedene Ausdrucksformen desselben Charakterzuges sind, sagte sie mir, daß John für seine Arbeit ein hohes Maß an Kreativität benötige. Innerhalb weniger Minuten waren wir auf zwei Eigenschaften gestoßen, für die sie ihn künftig loben konnte. Damit ihr Lob auch aufrichtig ist, muß sie von ihrer Sensibilität Gebrauch machen, um die richtige Zeit und Gelegenheit dafür zu erkennen.

(Die folgende Aufstellung kann Ihnen helfen, durch einige negative Eigenschaften Ihres Mannes herauszufinden, welches seine bewundernswerten Eigenschaften sind.)

Negatives Verhalten	*Positive Eigenschaften*
langsam	umsichtig, achtet auf Einzelheiten
nachlässig	ungezwungen, nachsichtig
kleinlich	sorgfältig, will alles richtig oder perfekt machen
kann nicht nein sagen	friedliebend, freundlich, mitfühlend, hilfsbereit
redet zuviel	gründlich, kann sich gut ausdrücken
zu streng	diszipliniert, selbstbeherrscht, gründlich
rücksichtslos	entschlossen, kämpferisch, überzeugend

Werden Sie dankbar

Um wirklich dankbar zu werden, müssen Sie sich erst einmal bewußt werden, daß das Gute in Ihrem Leben im wesentlichen aus zwei Quellen fließt: es kommt von anderen Menschen und von Gott. Als ein Mann mit dieser Ansicht konfrontiert wurde, wies er sie entschieden zurück. Er hatte bei Null angefangen und hatte sich ein stattliches Vermögen erworben. Er sagte: „Mir hat nie jemand etwas geschenkt.“ Man fragte ihn daraufhin, wie weit er wohl mit seinem Geschäft gekommen wäre, wenn er weder Lesen noch Schreiben gelernt hätte. Er mußte natürlich antworten: „Nicht sehr weit.“

Dann senkte er die Augen und gab zu, daß jemand anderer ihm einen unschätzbaren Trumpf in die Hand gegeben hatte, von dem er den allergrößten Teil seines Lebens Gebrauch gemacht hatte. Innerhalb kürzester Zeit fielen ihm Dutzende von Menschen ein, die ihm schon unzählige Dienste erwiesen hatten.

Wenn Sie es einmal genau überlegen, gibt es in Ihrem Leben sehr wenig, das einzig und allein Ihr Verdienst ist. Bevor Sie nun weiterlesen, sollten Sie sich die Zeit für die folgende Überlegung nehmen.

Legen Sie sich eine Liste mit zwei Spalten an. Tragen Sie in Spalte A zehn der wichtigsten Dinge in Ihrem Leben ein (z. B. Kinder, Ausbildung, Talente, materielle Güter, Fähigkeiten). In Spalte B tragen Sie dann den Namen von mindestens einem Menschen ein, der Ihnen dazu verholfen hat.

Spalte A	Spalte B
Beispiel:	
Kinder	Ehemann, Arzt, Hebamme
1. ______	1. ______
2. ______	2. ______
3. ______	3. ______
4. ______	4. ______
5. ______	5. ______
6. ______	6. ______
7. ______	7. ______
8. ______	8. ______
9. ______	9. ______
10. ______	10. ______

Der zweite Schritt zu einer dankbaren Haltung besteht darin, keine zu hohen Erwartungen an den Ehemann zu stellen. Erwartungen können die zerstörerischen Kräfte in einer Ehe werden. Sie verursachen bei beiden Ehepartnern unnötige Enttäuschungen und Entmutigungen.

Stellen Sie sich einmal vor, Sie hätten keinerlei Ersparnisse und sollten plötzlich eine Krankenhausrechnung von 6000 Mark bezahlen. Banken und Finanzierungsgesellschaften verweigern Ihnen ihre Unterstützung, aber eine Freundin leiht Ihnen das Geld. Sie versprechen ihr, es in sechs Monaten zurückzuzahlen. Nach sechs Monaten haben Sie gerade soviel gespart, daß Sie das Geld zurückzahlen können. Da bekommen Sie eine neue Rechnung. Sie begleichen sie mit dem ersparten Geld und haben jetzt nichts mehr übrig, um die Schulden bezahlen zu können. Zehn Tage später ruft Ihre Freundin an und fragt: „Wo ist mein Geld?" Sie erklären ihr, was geschehen ist. Daraufhin sagt sie: „Du hast mir versprochen, das Geld in sechs Monaten zurückzuzahlen. Also sieh zu, daß du das Geld auftreibst." Dann legt sie auf. Als erstes suchen Sie jetzt wahrscheinlich Ihre Beruhigungspillen.

Am nächsten Tag ruft Ihre Freundin wieder an, um zu fragen, ob Sie das Geld jetzt hätten, sie bräuchte es unbedingt. Als Sie ihr sagen, daß Sie es noch nicht hätten, fängt sie an zu weinen und sagt, sie werde jetzt jeden Tag anrufen, bis Sie ihr das Geld wiedergegeben hätten. Nun werden auch Beruhigungspillen nicht mehr viel helfen.

Und doch ist dies die Situation, in die Sie Ihren Mann mit Ihren Erwartungen bringen. Sie präsentieren ihm ständig eine Rechnung, die er nicht bezahlen kann, weil ihm die Mittel dazu fehlen.

Seit acht Jahren lebte Ben unter dem Druck von Sues Erwartungen. Jedesmal, wenn er ihr etwas schenkte, war es entweder nicht gut genug oder es war zu spät. Als er schließlich ihre Erwartung erfüllte, reagierte sie nur mit der Haltung: „War aber auch Zeit!" Was er auch tat, nie konnte er es ihr recht machen. Dann hörte Sue damit auf, nur von ihren Erwartungen zu sprechen, und begann, *jeden* Versuch Bens, ihr eine Freude zu machen, anzuerkennen. Zuerst begriff Ben gar nicht, was eigentlich geschah, aber nach einigen Monaten dämmerte es ihm, daß Sue schon lange nichts mehr von ihm verlangt hatte, auch keine neuen Möbel. Ihre veränderte Haltung ermutigte ihn so, daß er einen ganzen Lastwagen voll neuer Möbel kaufte, wodurch all ihre früheren Erwartungen noch übertroffen wurden.

Ben war nicht der einzige, der durch die Herabsetzung von Sues Erwartungen mit ganz neuer Freude erfüllt wurde. Sue entdeckte, daß geringere Erwartungen sie glücklicher machten, weil es ihrem Mann nun freistand, sie zu überraschen.

Sie können meiner Meinung nach Ihre Erwartungen am besten heruntersetzen, wenn Sie nicht mehr Ihren Mann, sondern Gott zum Mittelpunkt nehmen. Psalm 62,2-3 befreit uns dazu, das Leben allein von Gott zu erwarten. Philipper 4,19 sagt uns zu, daß Gott all unseren Mangel nach seinem Reichtum in der Herrlichkeit in Christus Jesus ausfüllen wird. (Diese beiden Verse haben es meiner Frau Norma ermöglicht, die Erfüllung ihrer Bedürfnisse nicht von mir, sondern von Gott zu erwarten.)

Wenn wir in Ihm ruhen, werden wir dazu befreit, unseren Mitmenschen zu helfen, weil wir von Menschen nichts und von Gott alles erwarten.

Indem Sie Ihre Erwartungen heruntersetzen, können Sie Ihren Mann von der Last befreien, die Sie ihm jetzt aufbürden, und sich selbst können Sie vor unnötigen Enttäuschungen bewahren. Ihre Erwartungen herunterzusetzen, bedeutet nicht, daß Sie Ihre Bedürfnisse oder Wünsche aufgeben sollen. Das ist dem Menschen unmöglich. Es bedeutet einfach, nicht von vornherein festzusetzen, wann und wie diese Bedürfnisse erfüllt werden sollen. Die folgende Überlegung kann Ihnen helfen, Ihre Erwartungen zu überprüfen.

Zählen Sie Ihre Erwartungen in jeder Kategorie auf:

Materielle Bedürfnisse	*Seine Eigenschaften*
Bsp.: neues Sofa	Bsp.: ungeduldig mit den Kindern
______________________	______________________
______________________	______________________
______________________	______________________
______________________	

Emotionale Bedürfnisse	*Seine Gewohnheiten*
Bsp.: Lob für ein gutes Essen	Bsp.: wirft schmutzige Kleider auf den Boden
______________________	______________________
______________________	______________________
______________________	______________________

Die Erwartungen, die Sie hier aufgezählt haben, sind wie Zeitbomben, die darauf angelegt sind, Ihre Beziehung zu zerstören. Die einzige Art und Weise, sie zu entschärfen, ist die *Entfernung des Zeitzünders.*

Innere Ruhe

Innere Ruhe ist der seelische Frieden, der es Ihnen ermöglicht, in einer Streßsituation ruhig und furchtlos zu reagieren.

Wir wollen noch einmal auf den Vergleich von dem Büffel und dem Schmetterling zurückkommen. Der Schmetterling ist empfindlich und spürt sogar den leisesten Lufthauch. Der Büffel dagegen kann auch von einem stürmischen Wind nicht aus der Ruhe gebracht werden. Obwohl Ihre Sensibilität eine Ihrer größten Stärken ist (weil sie es Ihnen erlaubt, die Dinge so viel intensiver zu „fühlen“), kann sie auch die Wurzel von Entmutigung und Verzweiflung sein, wenn ihr das Gegengewicht der inneren Ruhe fehlt.

Damit will ich aber nun keineswegs sagen, daß Sie Ihre Sensibilität in irgendeiner Form unterdrücken sollen. Wenn Sie im Laufe Ihrer Ehe schon abgestumpfter geworden sind, sollten Sie vielmehr alles daran setzen, Ihre verlorene Sensibilität wiederzuerlangen. Je sensibler Sie sind, desto mehr Schönheit, Sanftheit, Zärtlichkeit und „Gefühl“ können Sie in die Beziehung zu Ihrer Familie und Ihrer Umwelt einbringen.

Doch weil Sie genau wahrnehmen, was um Sie herum geschieht, können Sie auf die kleinste Veränderung in Ihrer Umgebung sehr leicht reagieren. Wenn wir nun in einer Situation zu heftig reagieren, können wir dadurch Probleme schaffen, die größer sind als die ursprünglichen, auf die wir reagierten.

Jenny fuhr auf regenglatter Fahrbahn. Sie hatte das Auto voll lärmender Mädchen, die sie zu ihrem Pfadfindertreffen bringen wollte. Auf einmal sprang vor ihr eine Katze auf die Straße. Jenny reagierte so, daß sie das Auto herumriß, um der Katze auszuweichen. Der Wagen wurde auf der Straße hin und her geschleudert, bis er schließlich im Straßengraben landete. Einige der Kinder waren verletzt worden, aber sie war der Katze ausgewichen. Eine kleine Drehung des Steuers hätte ihr ermöglicht, der Katze auszuweichen und doch die Kontrolle über das Auto zu behalten. Sie hatte viel zu heftig reagiert.

Das gleiche kann auf Ihrer „emotionalen Fahrbahn“ geschehen. Aufgrund Ihrer Sensibilität können Sie viele potentielle Probleme „sehen“, die Ihr Mann möglicherweise nicht bemerkt. Sie spüren, daß Ihre Tochter verletzt ist, wenn Ihr Mann sie mit scharfen Worten zurechtweist, während er vielleicht gar keine Ahnung davon hat, daß er sie verletzt hat. Wenn Sie Ihre Sensibilität richtig nutzen, können Sie die Reaktion Ihrer Tochter nachempfinden und ihr im rechten Moment auf die rechte Art und Weise den nötigen Trost geben. Schließlich können Sie auch Ihrem Mann zeigen, wie er solche Wunden entdecken kann, und ihm durch Ihr Beispiel vormachen, wie er sie wieder heilen kann.

Die falsche Art, von Ihrer Sensibilität Gebrauch zu machen, wäre in dieser Situation eine Überreaktion in Form von Kritik an Ihrem Mann in Gegenwart der Tochter. Ebenso falsch wäre es, das Verhalten der Tochter zu verteidigen, das der Anlaß für seine Zurechtweisung gewesen war. Der erste Schritt zu einer Haltung der inneren Ruhe besteht darin, Ihre Neigung zu Überreaktionen unter Kontrolle zu bekommen.

Nach dreizehnjähriger Ehe sollten Frank und Evelyn endlich ihren Traum von einer Reise auf eine Südseeinsel verwirklichen. Sie freuten sich besonders, da sie einen Teil der Kosten bezahlt bekamen. Drei Wochen vor ihrer Abreise erfuhr Frank, daß ihre Ausgaben weitaus höher sein würden als angenommen. Besonders die Mahlzeiten würden teuer kommen, aber darüber machte er sich keine Sorgen, da er sich sagte: „Wieviel können wir zwei schon essen?"

Als Frank Evelyn anrief und dies beiläufig erwähnte, nahm sie es nicht so gelassen auf. Sie wußte aus Erfahrung, daß Frank im Urlaub immer besonders knauserig war. Sofort stellte sie sich vor, wie alle anderen Paare in schicke Restaurants und zu polynesischen Festen gehen würden, während sie und Frank im Hotelzimmer ein Festmahl bestehend aus Butterbroten und Milch zu sich nähmen. Ohne ihre Gefühle im geringsten zu erklären, antwortete sie Frank: „Ich glaube, ich möchte lieber nicht fahren."

Früher hätte Frank auf eine solche Bemerkung einfach gesagt: „Wenn du so denkst, dann bleiben wir eben zu Hause."

Dann wäre es zu einer Auseinandersetzung gekommen, und ihre *zu heftige Reaktion* hätte sie wahrscheinlich ihre Traumreise gekostet. Doch so kam es nicht. Frank war dabei, zu lernen, mehr Sensibilität gegenüber seiner Frau zu entwickeln. Und so fragte er sie jetzt: „Warum empfindest du so?" Evelyn konnte dann *in Ruhe* ihre Bedenken vorbringen, und Frank sicherte ihr zu, daß sie, wenn sie es wolle, das für Mahlzeiten bestimmte Geld an sich nehmen könne, und daß sie dort essen würden, wo sie es wünsche.

Zu heftige Reaktionen führen nicht nur dazu, daß Ihr Mann sich immer weniger wünschen wird, Ihre Bedürfnisse zu erfüllen, sondern sie bereiten Ihnen selbst auch viele Schwierigkeiten, die eigentlich vermeidbar gewesen wären.

Der zweite Schritt, innere Ruhe als Gegengewicht zu Ihrer Sensibilität zu erlangen, besteht darin, daß Sie sich klarmachen, daß die hier diskutierten Grundsätze eine Veränderung bewirken *werden*. Tausende von Ehepaaren haben dies erfolgreich angewandt, und darunter waren viele, deren Lage äußerst hoffnungslos erschien. An dieser Stelle mögen Sie und viele andere Leserinnen vielleicht sagen: „Keine Lage kann hoffnungsloser sein als meine." Möglicherweise haben Sie recht, aber sehen Sie selbst, ob Ihre Lage schlimmer ist als Mikes und Gails.

„Wer haßt wen am meisten?" – das war wohl die treffendste Beschreibung für Mikes und Gails Ehe. Sie blieben nur zusammen, weil sie nicht genug Geld hatten, um getrennt zu leben. Für ihre beiden Kinder empfanden sie keine Liebe. Sie betrachteten sie als zwei Fehler, durch die ihr Lebensstil empfindlich gestört wurde. Jeden Tag machte Mike nach der Arbeit bei einer Bar halt, traf sich mit einer anderen Frau, ging aus, betrank sich und kam dann spät in der Nacht nach Hause. Jede Nacht gerieten er und Gail sich in die Haare, wobei Gail immer den kürzeren zog, da Mike 1,90 m groß und 190 Pfund schwer war. Gails einzige Hoffnung war, daß sie eines Tages genug Geld haben würde, um Mike und die Kinder zu verlassen.

Eines Tages erzählte jemand Gail, wie sie eine echte und beständige Liebe für Mike bekommen könnte. Man erklärte ihr auch, wie sie bestimmte Wesenseigenschaften entwickeln und durch ihr Verhalten ausdrücken könnte, so daß Mike dadurch motiviert würde, sich in ähnlicher Weise zu verändern. So begann sie, einen einfachen Grundsatz anzuwenden, der ihr ganzes Leben verändern sollte. In der ersten Woche änderte sich gar nichts, doch gegen Ende der zweiten Woche bemerkte Mike solch einen grundlegenden Wandel bei Gail, daß er den gleichen Vorsatz wie sie faßte. Sie begannen, einander und die Kinder zu lieben. In den dreizehn Jahren, die seither vergangen sind, haben sie Hunderten von Paaren geholfen, eine erfülltere und dauerhafte Beziehung aufzubauen. Welchen Grundsatz hatte Gail angewandt? Sie fing an, das zu praktizieren, was die Bibel einen „stillen Geist" nennt. (1. Petrus 3,4).

Der Apostel Petrus beschreibt in den Versen 1–6 seines ersten Briefes vier Eigenschaften, die Gott jeder Frau zur Verfügung stellt. Diese Eigenschaften gefallen nicht nur Gott, sie können auch bei dem Ehemann eine Veränderung bewirken. Eine davon, der „stille

Geist", von dem in Vers 4 die Rede ist, macht das Wesentliche der inneren Schönheit der christlichen Frau aus.

Und das tat Gail: Wie früher die heiligen Frauen, setzte sie ihre Hoffnung auf Gott und stellte die Bedürfnisse ihres Mannes über ihre eigenen. Sie gehorchte Gott und vertraute darauf, daß Er für alle ihre wirklichen Bedürfnisse sorgen würde (Phil.4,19). Sie sorgte sich um nichts, sondern in *allen Dingen* brachte sie ihre Bitten im Gebet vor Gott und dankte Ihm, ehe sie etwas empfing. Und der *Friede* begann ihr Herz und ihre Sinne in Christus Jesus zu bewahren (Phil.4, 6–7). Sie wußte, für ihre Bedürfnisse würde bestens gesorgt werden, und so wurde sie innerlich frei und konnte sich auf Mikes Bedürfnisse konzentrieren; das heißt, sie hatte einen „stillen Geist" – innere Ruhe. Diese Ruhe vertreibt die Furcht, die häufig den Reaktionen einer Frau gegenüber ihrem Mann zugrundeliegt (1. Petrus 3,6).

Sanftmut

Sanftmut ist die zartfühlende Rücksichtnahme auf die Gefühle anderer.

Bei einer Unterhaltung mit einem Freund kamen wir auf eines der ungewöhnlichsten Ehepaare zu sprechen, das wir beide je gekannt hatten. Was sie so einzigartig machte, war die Tatsache, daß sie sich in ihrer achtzehnjährigen Ehe nicht ein einziges Mal angeschrien hatten. Das klingt sehr unwahrscheinlich, und Sie denken jetzt vielleicht, daß der Ehemann, Herbert, ein ausgemachter Schwächling ist. Doch er ist alles andere als das! Herbert ist ein hervorragender Sportler, mit Ingenieurdiplomen und einem gutgehenden Geschäft. Die Tatsache, daß er Helene nie angeschrien hat, bedeutet nicht, daß er noch niemals jemand anderen angeschrien hat. Wieso ist dies bei einem so kämpferischen und selbstbewußten Mann wie Herbert in achtzehn Jahren noch nie vorgekommen? Als mein Freund und ich darüber nachdachten, schauten wir uns lächelnd an und platzten gleichzeitig mit der Antwort heraus: „*Wer* kann Helene schon anschreien?" Helene ist die Sanftmut in Person.

Ist Ihnen schon einmal aufgefallen, wie ein Vater mit seinem neugeborenen Baby umgeht und wie er mit einem dreijährigen Kind spielt? Als ich zum ersten Mal meinen neugeborenen Sohn im Arm hielt, war ich äußerst behutsam und besorgt, ich könne ihm wehtun, so daß ich ihn ziemlich schnell meiner Frau zurückgab. Als er drei war, tobten wir beide fast jeden Abend miteinander herum. Warum behandelte ich einen Dreijährigen nicht so sanft wie ein neugeborenes Baby? Als er gerade geboren war, hielt ich ihn für sehr zerbrechlich und dachte, ich müsse ihn mit äußerster Behutsamkeit behandeln, um ihm ja nicht wehzutun.

Der entscheidende Grund für sanftmütiges Verhalten ist das Bewußtsein, daß die Gefühle anderer Menschen äußerst verletzbar sind. Für mich war es selbstverständlich, daß ich mit meinem Sohn, je älter er wurde, immer weniger vorsichtig umging. Doch leider wurde ich im Laufe der Zeit auch seinen Gefühlen gegenüber immer gleichgültiger, da mein ausgebuchter Terminkalender meine Aufmerksamkeit ganz in Anspruch nahm. Im Grunde genommen tat ich das, was die meisten von uns tun – ich begann, Mike für selbstverständlich zu halten. Je mehr wir andere Menschen als eine Selbstverständlichkeit betrachten, desto weniger sanft gehen wir mit ihnen um. Wir verlieren den Blick für ihren unersetzbaren Wert und ihre innere Verletzbarkeit.

In anderen Worten: „Je mehr wir etwas schätzen, desto sanfter gehen wir damit um.“ Wenn ich Ihnen eine dreitausend Jahre alte, hauchdünne orientalische Vase im Wert von 150000 Mark übergeben würde, mit der Bitte, sie zur Bank zu bringen, würden Sie sie anders behandeln als eine Plastikvase für 2 Mark, die Sie ans andere Ende der Straße bringen sollen?

Dann passierte etwas, was mir ein völlig neues Bewußtsein für Mikes unbezahlbaren Wert und die Verletzlichkeit seines Lebens gab. Wir waren in einem großen Motel abgestiegen, und ich war mit meinen drei Kindern beim Schwimmen. Während ich mit Karin und Greg herumtollte, planschte Mike in seinem Donald-Duck-Schwimmreifen im Wasser. Als ich mich einmal umwandte, sah ich den Schwimmreifen allein am tiefen Ende des Beckens treiben. Unten im Wasser sah ich Mike am Boden des Beckens liegen – bewegungslos, nur sein weiches blondes Haar wurde von den Wellen hin und her bewegt. Mir blieb vor Schmerz und Angst fast das Herz stehen, als ich hinuntertauchte und ihn an die Oberfläche holte. Nachdem er sich wieder erholt hatte, wußte ich, daß es nun sehr lange dauern würde, bis ich ihn wieder für selbstverständlich nehmen würde. Das passierte vor zwei Jahren, und seither sind wir uns immer näher gekommen.

Zu manchen Zeiten mag es für Sie schwierig sein, den unschätzbaren Wert Ihres Mannes voll und ganz zu würdigen, doch die Tatsache bleibt bestehen, daß er ein ganz besonderes Geschöpf Gottes ist, das Bedürfnisse, Gefühle hat, Enttäuschungen und Kränkungen erlebt, wie jeder andere Mensch auch. In den folgenden Kapiteln werden wir darauf eingehen, wie Sie gegenüber Ihrem Mann und Ihren Kindern sanftmütiges Verhalten praktizieren können.

Selbstlose Liebe

Selbstlose Liebe ist Handeln, das auf die Erfüllung der Bedürfnisse eines anderen Menschen gerichtet ist.

Fast jeder von uns heiratet mit der Überzeugung, daß die Liebe zu unserem Ehepartner niemals nachlassen wird. Doch wird fast jede zweite Ehe geschieden. Hollywoods Darstellung von Liebe war viel zu lange unser Leitbild. Aber es dauert nicht lange, dann stellt man fest, daß Leidenschaft, die nur sexuelle Erfüllung erstrebt, bei weitem nicht ausreicht, um eine dauerhafte Beziehung aufzubauen. Leider denken zu viele Paare bei der Hochzeit, daß diese Art von Liebe genüge.

Es gibt mindestens drei Arten von Liebe, und jede davon ist einzigartig. Von diesen drei Arten – Zuneigung, Leidenschaft und echte Liebe – stellt nur die letzte die geeignete Grundlage für die beiden anderen dar. Wenn diese Art von Liebe fehlt, wird die Beziehung mit aller Wahrscheinlichkeit keinen langen Bestand haben. Eine der wunderbarsten Eigenschaften der echten Liebe ist, daß Gott sie in uns wirken kann, auch wenn die Gefühle der Zuneigung fehlen (Gal. 5,22; Röm. 5,5). Ehe wir uns nun der echten Liebe zuwenden, wollen wir die beiden anderen Arten betrachten.

Zuneigung

Wenn jemand sagt: „Ich habe mich verliebt“, oder „Ich liebe meinen Mann nicht mehr“, deutet das auf die erste Art von Liebe hin. Es gibt einen „Anfang“ und ein „Ende“ der Liebe, weil Zuneigung darauf beruht, daß jemand *unsere* Bedürfnisse und *unsere* Erwartungen erfüllt. Solange jemand auf unsere emotionalen, geistigen und physischen Bedürfnisse eingeht, und unsere Erwartungen erfüllt,

„lieben“ wir ihn. Wenn diese Erwartungen nicht mehr erfüllt werden, verlieren wir sehr leicht die Gefühle der Zuneigung.

Leidenschaft

Die zweite Art von Liebe läßt sich mit dem Wort „Leidenschaft“ genau beschreiben. Sie dreht sich hauptsächlich um unser Bedürfnis nach sexueller Erfüllung. Wie die erste Art von Liebe, beruht auch sie auf den Fähigkeiten unseres Partners, unsere Bedürfnisse erfüllen zu können – genauer gesagt, unser Bedürfnis nach Romantik und Sex. Sie ist die Grundlage der meisten Frühehen – zwei junge Menschen begehren einander und heiraten, damit der andere immer da ist, um ihre Bedürfnisse zu erfüllen. Leidenschaft ist die schwächste Grundlage für eine Ehe, was auch durch die hohe Scheidungsziffer bei Frühehen belegt wird. Leidenschaft gehört zu einer erfüllten Ehe, aber wenn sie das Band ist, das die Ehe zusammenhält, wird die Ehe sich viel schneller auflösen.

Echte Liebe

Echte Liebe ist von den beiden ersten Arten völlig verschieden. Zuneigung und Leidenschaft lenken unseren Blick auf unsere eigenen Bedürfnisse, und wir wenden uns anderen Menschen zu, damit sie diese Bedürfnisse erfüllen. Echte Liebe, wie Jesus sie uns gezeigt hat, fragt nach den Bedürfnissen der anderen und sucht Gelegenheiten, sie zu erfüllen (Joh. 15,11–13). Die echte Liebe sagt: „Ich sehe, was du brauchst; bitte erlaube mir, es dir zu geben.“ Was Paulus an die Galater schreibt (Gal. 5,13–14), läßt sich folgendermaßen umschreiben: „Ich diene der Erfüllung deiner Bedürfnisse – deine Bedürfnisse sind mein Gebieter.“ Bei der echten Liebe liegt der Schwerpunkt nicht auf dem Empfangen, sondern auf dem Geben.

Wenn jemand echte Liebe erfährt, kann das zu einer der mächtigsten Antriebskräfte seines Lebens werden.

Als ich in der Highschool zum ersten Mal einen Geometriekurs belegt hatte, bekam ich die Note „ungenügend“. Das verschaffte mir die „Ehre“, den gleichen Kurs noch einmal zu wiederholen. Ich haßte Mathematik, und so verbesserten sich meine Leistungen auch beim zweiten Anlauf nicht. In der Mitte des Semesters wurde unser Lehrer krank, und ein Kollege übernahm den Unterricht. Als der neue Lehrer zum ersten Mal in unser Klassenzimmer kam, verschlug es uns die Sprache. Sein Gesicht war so entstellt, daß wir die erste Woche lang aus dem Fenster sahen, wenn wir uns meldeten, um eine Frage zu stellen. Am Ende der zweiten Woche wurden wir von seinem Gesicht nicht länger irritiert, da wir die Liebe spürten, die er für jeden einzelnen von uns hatte. Er bemühte sich herauszufinden, was jeder von uns brauchte, um ein besseres Verständnis für Geometrie zu bekommen. Uns war klar, daß sein höchstes Interesse unseren individuellen Bedürfnissen galt, damit wir den Unterrichtsstoff verstehen lernten. Er bewies seine echte Liebe zu mir dadurch, daß er oft nach dem Unterricht alles in seiner Macht Stehende tat, um mir den Lehrstoff verständlich zu machen. Seine Augen strahlten, und sein Lächeln machte ihn sehr anziehend. Wir alle begannen, seine verborgene Schönheit zu entdecken. Durch seine Liebe wurde ich so motiviert, daß ich mich in nur sechs Wochen von „ungenügend" auf „sehr gut" heraufarbeitete. Aufgrund dieser Erfahrung belegte ich dann im College Mathematik als Nebenfach.

Echte Liebe hat nicht unbedingt etwas mit Gefühl zu tun. Sie basiert vielmehr auf dem Interesse am Wohlergehen des anderen. Obwohl das Gefühl der Zuneigung sich einstellen wird, ist echte Liebe in erster Linie ein *Handeln*, das darauf ausgerichtet ist, die Bedürfnisse eines anderen Menschen zu erfüllen.

Der erste Schritt zu echter Liebe für Ihren Mann besteht darin, ihn so wertzuschätzen wie Gott es tut (Joh. 3,16). Das bedeutet, Interesse für ihn zu zeigen, weil er es wert ist und weil Gott großes Interesse an ihm hat. Wenn Sie Gottes Wort in Joh.15,11–13 gehorchen, werden Sie die Freude und den Frieden erfahren, die Jesus als Lohn verheißt. Gottes Plan ist so großartig: Sie erhalten das Leben, das Er versprochen hat, und gleichzeitig erfüllen Sie die tiefsten Bedürfnisse des geliebten Menschen.

Kapitel 9 behandelt die fünf grundlegendsten Bedürfnisse eines Mannes und die Frage, wie sie erfüllt werden können. Aber wenn Sie echte Liebe für Ihren Mann beweisen wollen, müssen Sie über diese fünf Bedürfnisse hinausblicken und seine ganz persönlichen Bedürfnisse entdecken. Um diesen zweiten Schritt tun zu können, müssen Sie Ihre ganze Kreativität einsetzen.

Zum Nachdenken

Es ist eine Lebensaufgabe, sich diese sechs Eigenschaften anzueignen, die die innere Schönheit ausmachen.

Wenn diese Eigenschaften immer mehr zu einem Teil Ihrer Persönlichkeit werden, wird es Ihrem Mann leichter fallen, *von* Ihnen zu lernen, was für eine erfüllte Beziehung wichtig ist.

Die restlichen Kapitel zeigen konkrete Schritte, wie Sie Ihren Mann dazu motivieren können, sich für eine erfülltere und liebevollere Beziehung einzusetzen. Viele dieser Schritte werden fast umgehend zu sichtbaren Ergebnissen führen. Bei anderen wird mehr Zeit nötig sein.

Teil II

7

Was Sie tun können, damit Ihr Mann mehr Zeit mit Ihnen verbringen möchte

„Die Frau aber soll ihren Mann achten (bewundern).“
Eph. 5,33 (Gute Nachr.)

Bevor ich heiratete, fand ich Mädchen eines ganz bestimmten Typs sehr anziehend. Sie waren nicht nur für mich attraktiv, sondern auch für viele andere Männer. Schließlich beschloß ich, die Eigenschaften, die wir alle an ihnen mochten, einmal genauer zu ergründen. Durch Gespräche und Beobachtungen entdeckte ich, daß sie alle mindestens sechs Eigenschaften gemeinsam hatten. Ich glaube, wenn Sie die folgenden Ratschläge befolgen, wird Ihr Mann sehr gerne mehr Zeit mit Ihnen verbringen wollen.

1. Bewundern Sie ihn.
2. Zeigen Sie eine beständige positive Einstellung.
3. Verwenden Sie mehr Mühe und Sorgfalt auf Ihre innere Schönheit als auf Ihr Aussehen.
4. Interessieren Sie sich für all seine Hobbys.
5. Setzen Sie Ihre besondere weibliche Gabe der Sanftmut ein.
6. Fragen Sie ihn nach seiner Meinung in Ihren Interessensgebieten.

Bewundern Sie ihn

So wie es Naturgesetze gibt (z. B. das der Schwerkraft), die unsere alltäglichen Handlungen regieren, gibt es auch ebenso wirkungsvolle und beständige Gesetze für Beziehungen. Eines davon ist das Gesetz der Bewunderung. Es lautet: Man wird angezogen von Menschen, die einen bewundern, und abgestoßen von Menschen, die einen herabsetzen und verachten. Bewunderung ist eines der tiefsten und wichtigsten Bedürfnisse des Mannes. Das ist wahrscheinlich auch der

Grund dafür, daß in der Bibel den Ehefrauen gesagt wird, sie sollen ihre Männer bewundern (Eph. 5,33). Der Apostel Petrus stellt fest, daß Bewunderung einen Ehemann sogar geistlich motivieren kann (1. Petrus 3,1–2).

Das Wort „bewundern“ (oder „achten“, „ehren“) in der Bibel hat die Grundbedeutung „einem anderen hohen Wert beimessen“. Wenn in der Bibel davon die Rede ist, „Gott zu fürchten“, heißt das einfach, daß Gott für uns am wichtigsten sein soll – die Nummer eins in unserem Leben –, und das ist der Anfang der Weisheit (Sprüche 9,10). Bewundern, achten, fürchten und ehren haben ähnliche Bedeutung und besagen, daß man große Wertschätzung für den anderen zeigt (Röm. 12,10).

Das Gesetz der Bewunderung nimmt einen sehr wichtigen Teil in diesem Buch ein, da es die Grundlage einer jeden beständigen, weiter wachsenden Beziehung bildet. Das Entscheidende daran ist, daß man einen Menschen nicht sympathisch finden muß, um ihm Bewunderung zu zollen. Jemanden zu bewundern ist eine freie Wahl, eine Entscheidung, ein Vorsatz, ein Willensakt. Man muß sich nur sagen: „Gott liebt und schätzt diesen Menschen, und ich kann es auch.“

Ihr Mann mag Sie verärgern, herabsetzen, beleidigen, ignorieren oder Ihnen einfach auf die Nerven gehen, die Bewunderung schaut über das hinaus, was er tut, auf das, was er ist. Sie ist bedingungslos.

Männer werden von Menschen angezogen, die sie bewundern. Die folgenden Fragen geben Ihnen vielleicht Hinweise darauf, warum Ihr Mann nicht so viel Zeit mit Ihnen verbringen möchte wie mit fernsehen oder mit anderen Beschäftigungen.

1. Haben Sie jemals mehr Anerkennung und Bewunderung für andere Männer gezeigt – vielleicht für einen Pfarrer, einen Lehrer oder den Ehemann einer anderen Frau?

   Ihr Mann kann durch Ihre hohe Meinung für andere Männer tief verletzt werden, auch wenn er das nur unbewußt wahrnimmt. Die Fragen: „Hast du Sarah und Jim neulich gesehen? Kaum zu glauben, was für einen Ring er ihr geschenkt hat, nicht wahr?“ können für Ihren Mann ausdrücken, daß Jim erfolgreicher und großzügiger ist als er, und daß Jim Sarah besser behandelt als er Sie behandelt. Oder die Bemerkung: „Ich bin so gerne mit Joan und Tom zusammen. Ist dir schon aufgefallen, wie rücksichtsvoll er ist?“ kann Ihren Mann sofort zu der Annahme veranlassen, daß Sie ihn für weniger rücksichtsvoll halten als Tom. Jeder Vergleich, ob direkt oder indirekt, kann Ihrem Mann den Eindruck geben, daß Sie jemand anderen mehr bewundern als ihn. Manche Männer meiden sogar die Kirche, weil sie meinen, daß sie es nicht mit dem Pfarrer aufnehmen können, den ihre Frau ständig lobt. Besonders empfindlich ist ein Mann, wenn es um seine Arbeit, seine Freunde, seine Herkunft und seine Intelligenz geht. Loben Sie andere Männer nicht vor ihm, wenn Sie nicht gleichzeitig Ihrem Mann noch größere Anerkennung zollen können, oder wenn er sich Ihrer Bewunderung noch nicht sicher und Ihre Beziehung noch nicht stabil genug ist.

2. Haben Sie Ihren Mann, seine Fähigkeiten, seinen Charakter oder seine Aktivitäten herabgesetzt oder kritisiert?

   Das wirkt besonders zerstörerisch, wenn es in Gegenwart von seinen Freunden oder den Kindern geschieht. Sogar beim Militär – das ja nicht gerade für seine Rücksichtnahme auf Gefühle bekannt ist – lernt man als erstes und grundlegendes Führungsprinzip, daß man niemals den Charakter oder die Fähigkeiten eines Mannes in Gegenwart anderer herabsetzen darf. Ich kann mir nichts vorstellen, was einen Mann schneller demoralisiert, als Kritik in Gegenwart seiner Freunde oder seiner Kinder.

3. Haben Sie vielleicht manchmal so lange Druck auf ihn ausgeübt, bis er tat, was Sie wollten?

   Nörgeln ist ein anderes Wort für den Druck, den eine Ehefrau auf ihren Mann ausübt, und der ihm das Gefühl von Inkompetenz und Unverantwortlichkeit gibt. Anstatt ihn zu motivieren, seiner Verantwortung nachzukommen, bekommt er dadurch eher den Wunsch, Sie zu vernachlässigen. Wenn Sie weiter nörgeln, wird er sich andere Menschen suchen, die ihn nicht ständig an seine Fehler erinnern. Man kann einen anderen Menschen durch einen bestimmten Gesichtsausdruck und einen bestimmten Tonfall herabsetzen und abwerten.

4. Wird oft aus einem Gespräch über Kleinigkeiten ein Streit?

   Er mag solche Gespräche für eine Beleidigung seiner Fähigkeiten oder seiner Intelligenz halten, während Sie realistischer sind und wissen, daß aus der Vernachlässigung von kleinen Dingen oft auf lange Sicht Probleme entstehen können. Doch anstatt seinen Unwillen durch einen Streit herauszufordern, sollten Sie nach indirekten Möglichkeiten suchen, sein Verständnis für Ihre Welt zu vergrößern und ihm klarzumachen, daß er sich die volle Bedeutung seiner Worte genau überlegen sollte.

5. Stellen Sie manchmal seine Erklärungen für ein bestimmtes Verhalten in Frage?

   Wenn er z. B. vom Büro anruft und sagt, daß er länger arbeiten muß, fragen Sie ihn dann: „Mußt du heute abend wirklich noch arbeiten?“ Mit dieser einen Frage deuten Sie an, daß Sie seiner Urteilskraft nicht vertrauen. Alles, was er daraus hört, ist das Infragestellen seines Urteils. Niemand verbringt gern seine Zeit mit einen „mißtrauischen Richter“.

6. Fallen Ihnen mindestens drei Dinge ein, über die Sie sich in der letzten Woche beklagt haben (seinen Terminkalender, seine Zeit für die Kinder, seinen Mangel an Hilfe im Haushalt)?

   Klagen hat die gleiche Wirkung wie Nörgeln. Es stößt ab.

7. Haben Sie ihn je spüren lassen, daß Sie mehr von Beziehungen verstehen als er?

   Hier kommen wir auf einen zentralen Unterschied zwischen dem Wesen der Frau und dem Wesen des Mannes. Der Apostel Petrus nennt die Frauen das „schwächere Geschlecht“. Das griechische Wort für „schwächer“ bedeutet „sensibler“ oder „empfindlicher“ (1.Petrus 3,7; Römer 14,1). Frauen haben meistens ein größeres Bewußtsein für Beziehungen und das, was man dafür tun muß. Deshalb liegt die Vermutung nahe, daß Ihr Mann sich nicht so wie Sie dessen bewußt ist, daß in Ihrer Beziehung etwas fehlt. Wenn Sie von ihm erwarten, daß er den gleichen Grad an Verbundenheit wünscht wie Sie, und wenn es Sie kränkt, daß er Dinge, die für Sie offenkundig sind, gar nicht bemerkt, können Ihre Miene und Ihr Tonfall leicht Verurteilung und Verachtung ausdrücken. Viele Frauen meinen, ihre Männer lägen nachts wach und überlegten sich, wie sie ihre Frau am besten kränken könnten. Nun, das stimmt ganz und gar nicht. Die meisten Männer tun das unabsichtlich. Wenn die Frau nicht versteht, daß der Mann in erster Linie erobern und seine Identität in Beruf und anderen Beschäftigungen finden will, kann sie leicht verletzt werden, weil sie seine gleichgültige Haltung persönlich nimmt. Sie denkt, er liebt sie und die Kinder nicht. Er interpretiert dann ihren Ärger oder ihr Verletztsein als Herabsetzung seiner Person, besonders, wenn sie sagt: „Du hättest wissen müssen ... oder erkennen müssen ... oder aufpassen müssen." Sie können Ihrem Mann am besten auf indirekte Weise helfen, wenn Sie ihn als Mann akzeptieren und ihn schätzen für das, was er heute ist, und für das, was er mit Ihrer liebevollen und geduldigen Hilfe einmal sein wird. (Was die Frau dem Mann geben kann, ist für ihn selbst und sein Wohlergehen übrigens außerordentlich wichtig. Er muß Gefühle besser verstehen können und erkennen, was die Grundlage einer dauerhaften Beziehung bildet.)

Praktische Möglichkeiten, Ihrem Mann Bewunderung zu zollen

In Gesprächen mit vielen Männern habe ich herausgefunden, daß es eine Vielzahl von Möglichkeiten gibt, wie ihre Kollegen, Sekretärinnen, Chefs und Freunde ihnen das Gefühl vermitteln, wichtig zu sein. Die neun am häufigsten genannten werden im folgenden kurz beschrieben, außerdem werden Anwendungsmöglichkeiten für Ihre Beziehung aufgezeigt.

1. Fragen Sie bei Entscheidungen Ihren Mann nach seiner Meinung und seinem Rat.

   Fragen Sie ihn z. B., wenn es um Auswahl und Anordnung von Möbeln geht, um Stil und Farbe von Kleidern, um die Aufstellung des Speisezettels, etc. Versuchen Sie dabei, offene Fragen zu vermeiden, wie: „Was möchtest du heute abend essen?" Obwohl Sie gute Absichten haben, zwingen Sie ihn dadurch, über etwas nachzudenken, was er vielleicht für Ihren Verantwortungsbereich hält. Wenn Sie jedoch fragen: „Was möchtest du zum Abendessen – Steak oder Spaghetti?", wird er Ihre Rücksichtnahme schätzen. Aber übertreiben Sie es nicht, denn dann könnte Ihr Mann denken, Sie wären zu unselbständig und einfallslos. Suchen Sie lieber einen Mittelweg, indem Sie darauf achten, wann sich eine günstige Gelegenheit ergibt, nach seiner Meinung und seinem Rat zu fragen. Wenn Sie seine Vorschläge berücksichtigen, spürt er Ihre Wertschätzung für ihn.
2. Bemühen Sie sich, an früher geäußerte Bitten oder Wünsche

Ihres Mannes zu denken, und erfüllen Sie diese, wenn sich die Gelegenheit dazu bietet.

Ein guter Freund erzählte mir einmal, seine Frau habe etwas getan, was ihm das Gefühl gegeben habe, etwas ganz Besonderes zu sein. Einige Wochen vorher hatte er zu ihr gesagt: „Ich wünschte, ich könnte nur einmal ein Fußballspiel von Anfang bis Ende ohne Störung anschauen.“ Als er dann eines Tages den Fernseher einschaltete, um sich ein Spiel anzusehen, kam seine Frau ins Zimmer, nahm die zwei Kinder bei der Hand und sagte: „Kommt, ihr könnt jetzt ein Nickerchen machen.“ Sie brachte sie ins Bett, dann kam sie wieder herein und sagte: „Ich gehe jetzt einkaufen. Hoffentlich kannst du diesmal das Spiel ungestört genießen. Ich habe den Telefonhörer abgenommen, damit du nicht durch Anrufe gestört wirst.“ Was ihn so erstaunte, war, daß seine Frau seine einige Wochen früher gemachte Bemerkung behalten und offensichtlich nach einer Gelegenheit gesucht hatte, seinen Wunsch zu erfüllen. Als Anerkennung dafür begann er damit, einige längst überfällige Arbeiten im Haus in Angriff zu nehmen.

In den zwischenmenschlichen Beziehungen sind einige Tatsachen so vorhersagbar wie Naturgesetze. Das genannte Beispiel beweist: Niemand kann rücksichtsvolles, liebevolles Handeln auf die Dauer ignorieren. Wenn Sie Ihrem Mann das Gefühl geben, etwas Besonderes zu sein, verstärkt das seinen Wunsch, Ihnen dasselbe Gefühl zu geben. »Wenn er das jedoch ausnutzt, sprechen Sie mit ihm über Ihre Gefühle, wie es in Kapitel 11 vorgeschlagen wird.«)

Schreiben Sie fünf Wünsche auf, die Ihr Mann geäußert oder angedeutet hat. Das könnte eine bestimmte Sportveranstaltung sein, die er gerne besuchen würde, oder etwas, was er schon lange einmal unternehmen wollte. Es kann auch ein besonderes Essen sein, das Sie schon lange nicht mehr gekocht haben, oder eine seiner Lieblingsnachspeisen. Wenn Sie anfangen, einige seiner früheren Wünsche zu erfüllen, werden Sie vielleicht von ihm nicht sofort ermutigt. Er wird möglicherweise sogar sagen: „Wird aber auch Zeit!“ Verlassen Sie sich in schwierigen Momenten auf die Willenskraft, diesen Plan auch zu Ende zu führen, denn je mehr Sie so handeln, desto befriedigender wird es für Sie sein.

3. Nutzen Sie günstige Gelegenheiten, um auf die positiven Eigenschaften Ihres Mannes hinzuweisen, wenn Sie mit anderen Leuten zusammen sind.

   Loben Sie ihn gegenüber den Kindern, indem Sie seine positiven Charaktereigenschaften erwähnen. Wenn Sie mit Freunden zusammen sind und er sagt etwas Interessantes, dann sagen Sie ihm, daß Sie das für sehr vernünftig halten, und bitten Sie ihn, es noch weiter auszuführen. Oder erzählen Sie Ihren Freundinnen oder Verwandten eine besondere Begebenheit der vergangenen Woche, die eine seiner positiven Eigenschaften erkennen läßt. Zum Beispiel: „John nimmt so viel Rücksicht auf meine Gefühle. Neulich habe ich kein einziges Wort gesagt, aber er hat trotzdem gemerkt, daß mich etwas bedrückte. Er hat mich in seine Arme genommen und gesagt, er wüßte, daß ich mir Sorgen mache, und gefragt, wie er mir helfen könne."

   Ich kann gar nicht sagen, wie gut ich mich fühle, wenn ich manchmal von anderen Leuten erfahre, daß meine Frau etwas Positives über mich gesagt hat. Ich fühle mich dann anerkannt – und ich möchte am liebsten gleich nach Hause gehen und sie umarmen.

4. Bemühen Sie sich, seinen Beruf anzuerkennen, und versuchen Sie zu verstehen, wie wichtig seine Arbeit für ihn ist.

   Viele Männer sind über ihre Arbeit frustriert; sie denken, daß niemand ihren Wert, ihre Talente und Fähigkeiten anerkennt. Wenn Sie die Arbeit Ihres Mannes anerkennen, können Sie der *einzige* Mensch sein, der ihm zu einem echten Selbstwertgefühl verhilft. Ehe er nicht wirklich glaubt, daß er etwas wert ist, wird es ihm schwerfallen, seinen Blick auf den Wert anderer Menschen – Sie eingeschlossen – zu richten.

   Setzen Sie niemals seinen Beruf oder die Wichtigkeit seiner persönlichen Arbeit herab! Nichts zerstört die Selbstachtung eines Mannes mehr als verächtliche Äußerungen seiner Frau über seine Bemühungen, den Lebensunterhalt der Familie zu verdienen. Wenn Sie auch seine Arbeit nicht direkt kritisieren, können Sie sie auch abwerten, indem Sie sie ignorieren. Wenn Sie jemandem nicht genau erklären können, was Ihr Mann an einem normalen Arbeitstag alles zu tun hat, dann wissen Sie nicht genug über seine Arbeit. Versuchen Sie dann nicht, das ganze Wissen durch ein einziges Gespräch aufzuholen. Stellen Sie vielmehr immer wieder einmal einige Fragen, damit Sie sich ein klareres Bild davon machen können, wie er den Tag verbringt, an welchen Projekten er arbeitet und inwieweit seine Arbeit auch seine Kollegen betrifft oder ihnen nützt. (Achten Sie darauf, daß Sie durch Ihre Fragestellung nicht den Eindruck erwecken, Sie dächten, er täte den ganzen Tag nichts Besonderes.) Es kann auch sein, daß er selbst durch Randbemerkungen seine Arbeit abwertet. Wenn ein Mann sich aufgrund der Arbeit, die er tut, für unwichtig hält, zehrt das an seiner Substanz. Helfen Sie ihm, den Wert seiner Arbeit zu entdecken.

5. Reagieren Sie nicht gleich negativ, wenn Ihr Mann etwas sagt, sondern denken Sie erst einmal in Ruhe darüber nach.

   Ich trete hier nicht für blinden Gehorsam ein, sondern vielmehr für unvoreingenommenes Zuhören. Oft wollen wir in einer strittigen Frage unseren Willen durchsetzen, obwohl das Problem auf eine andere Weise ohne größere Schwierigkeiten gelöst werden könnte. Wenn Sie dazu neigen, auf die Vorschläge Ihres Mannes sofort negativ zu reagieren, sollten Sie sich künftig zurückhalten und erst reagieren, nachdem Sie seinen Vorschlag genau erwogen und im Zusammenhang betrachtet haben. Dadurch wird unnötige Spannung vermieden, und er wird lieber mit Ihnen zusammen sein.

   In diesem Zusammenhang ist es wohl angebracht, etwas über den Begriff der Unterordnung zu sagen. Die biblische Lehre von der Unterordnung veranschaulicht am allerbesten, was echte Liebe ist. Leider ist dieser Begriff bis auf den heutigen Tag so mißbraucht worden, daß das Wort mit einer Vielzahl von negativen Bedeutungen belastet ist. Am meisten mißbraucht wurde es wahrscheinlich von irregeleiteten Ehemännern und „Oberhäuptern", die fälschlicherweise glaubten, Autorität auszuüben, bedeute, der „Boß" zu sein und Entscheidungen allein und ohne Rücksicht auf die anderen zu treffen.

Jesus lehrte durch seine Worte und durch sein Beispiel, daß jeder, der groß und mächtig sein will, zuerst das Dienen lernen muß (Matt. 20,26–27). Wer andere leiten will, muß sie lieben. Er muß dienen – sich unterordnen – und denen zuhören, die er leiten möchte.

Wenn ein Mann seine Frau mit Verständnis, Zärtlichkeit liebt, und die Kommunikation zwischen beiden gut ist, dann ist es für sie relativ einfach, sich ihm unterzuordnen. Aber selbst wenn Ihr Mann kein liebevoller Mensch ist, sollten Sie untergeordnet sein – das heißt Liebe in Aktion. Daraus ersieht Ihr Mann, daß er Ihnen viel bedeutet, und daß seine Bedürfnisse für Sie im Augenblick wichtiger sind als Ihre eigenen. (Für Ehemänner ist es ebenso wichtig, sich ihren Frauen unterzuordnen – mehr zu diesem Thema steht in dem Buch für Männer, „Entdecke deine Frau“, vgl. Epheser 5,2.)

Unterordnung – ein besonderes biblisches Geheimnis:

- Ich ordne mich Gott unter. Ich bitte Ihn und erwarte von Ihm, daß Er für all meine Bedürfnisse sorgt (Ps.62,1; Phil.4,6–7,19).
- Ich erkenne, wie wertvoll ich für Jesus bin, da Er Sein Leben für mich gegeben hat (Joh. 3,16).
- Während ich erwarte, daß Jesus für meine Bedürfnisse sorgt, kümmere ich mich um die Bedürfnisse meiner Mitmenschen. Ich kann meine Bedürfnisse vergessen, weil Gott sich darum kümmert (Eph. 3,19–20), und ich konzentriere mich darauf, was ich für andere tun kann (Joh. 15,11–12).

1. Lassen Sie keine zwei Tage vergehen, in denen Sie nicht mindestens eine Sache, die Ihr Mann gesagt oder getan hat, anerkennend erwähnen.

   Nur zur Erinnerung: Denken Sie daran, daß es viel schöner ist, mit Menschen zusammenzusein, die einem das Gefühl geben, etwas Besonderes zu sein, als mit solchen, die das nicht tun.

2. Setzen Sie Ihre Sensibilität ein, um die persönlichen Ziele Ihres Mannes zu entdecken, und unterstützen Sie ihn bei der Verfolgung dieser Ziele.

   Zu seinen persönlichen Zielen können Beförderung, Gehaltserhöhung oder besondere Freizeitbeschäftigungen gehören. Ein sehr erfolgreicher Geschäftsmann aus Texas erzählte mir, daß seine Frau seine persönlichen Ziele immer unterstützt habe. Als sie merkte, daß es für ihn überaus wichtig war, von seinen Geschäftspartnern respektiert und anerkannt zu werden, half sie ihm auf verschiedene Weisen, dieses Ziel zu erreichen. Sie half ihm, mehr auf sein Äußeres zu achten, sich besser zu kleiden, etc. (Er begrüßte ihre Hilfe, weil sie ihm ihre Meinung nicht aufzwängte.) Sie ermutigte ihn, wenn er aufgeben wollte, und lobte ihn jedesmal, wenn er eines der Ziele erreicht hatte.

3. Bringen Sie auch auf nichtverbale Art und Weise Ihre Bewunderung zum Ausdruck.

Untersuchungen über die Kommunikation zwischen Ehepartnern ergaben, daß Worte nur 7 Prozent der gesamten Kommunikation ausmachen. 38 Prozent der Kommunikation erfolgen durch den Tonfall, 55 Prozent durch das Mienenspiel und die Gesten. Mit anderen Worten, wenn Sie etwas zu Ihrem Mann sagen, übermitteln die Worte selbst nur 7 Prozent der Bedeutung.

Nehmen Sie z. B. den Satz: „Ich liebe dich". Er kann so gesagt werden, daß er entweder bedeutet: „Natürlich liebe ich dich, ich bezahle ja schließlich die Miete", oder: „Ich bete dich an und kann ohne dich nicht mehr leben", oder auch: „Ich brauche dich, damit du mir meine Bedürfnisse erfüllst". Darum antworten so viele Frauen, wenn ihr Mann sagt: „Ich liebe dich", mit den Worten: „Du hast aber eine merkwürdige Art, das zu zeigen".

Hier einige nichtverbale Arten, wie Sie Ihrem Mann zeigen können, wie wichtig er ist:

1. Schenken Sie ihm Ihre Aufmerksamkeit, wenn er nach Hause kommt.
2. Machen Sie sich hübsch für ihn.
3. Kochen Sie leckere Mahlzeiten.
4. Zeigen Sie Interesse an seiner Arbeit, seinen Beschäftigungen, seinen Problemen und Erfolgen.
5. Hören Sie aufmerksam zu, und sehen Sie ihn dabei an.
6. ssen Sie sich nicht vom Fernseher, dem Abwasch oder selbst den Kindern ablenken, wenn er Ihnen etwas sagen möchte.

4. Bitten Sie Ihren Mann aufrichtig um Vergebung, wenn Sie ihm Unrecht getan haben.

Alle Menschen neigen dazu, solchen Personen aus dem Weg zu gehen, die sie kränken. (Eine der häufigsten Klagen von Kindern über ihre Eltern ist die, daß die Eltern niemals ein Unrecht zugeben.)

Um mit Ihrem Mann „reinen Tisch zu machen", genügt es nicht, einfach zu sagen: „Es tut mir leid". Von diesem Satz machen sogar Kinder reichlich Gebrauch, um einer Ohrfeige zu entgehen. Wenn jemand uns gekränkt hat, wollen wir von ihm nicht nur ein oberflächliches „Es tut mir leid" hören. Wir möchten wissen, daß derjenige erkennt, daß er im Unrecht war und daß er uns verletzt hat. Meiner Meinung nach gibt es viele „falsche Arten", um Vergebung zu bitten. Sie sind deshalb falsch, weil sie zwischen uns und demjenigen, den wir gekränkt haben, keine Eintracht herstellen, und weil sie nicht vermitteln, wieviel uns der andere wert ist.

Vermeiden Sie z. B. zu sagen:

- Es tut mir leid, *wenn* ich im Unrecht war; ich *hoffe*, ich habe dich nicht verletzt.
- Es tut mir leid, daß ich das getan habe; ich wollte dich wirklich nicht kränken.
- Es tut mir leid, daß ich das gesagt habe, aber du warst auch im Unrecht.
- Es tut mir leid. Ich will versuchen, das nächste Mal vorsichtiger zu sein.

Bei solchen Entschuldigungen wird Ihr Mann spüren, daß Sie für Ihr Handeln nicht die volle Verantwortung übernehmen. Entweder bagatellisieren Sie seine Kränkung oder die Verantwortung, die Sie dafür haben. Deshalb wird er Ihre Entschuldigung für unaufrichtig halten. Auch wenn er sagt: „Ich vergebe dir", wird er denken: „Es tut ihr gar nicht leid. Sie will nur ihre Schuldgefühle loswerden."

Einer der besten Wege, um Vergebung zu bitten, die ich gefunden habe, ist leider auch der schwerste und am wenigsten kreative. Alles, was Sie dabei tun müssen, ist, zu Ihrem Mann zu gehen, ihm in die Augen zu blicken und zu sagen: „Ich war im Unrecht. Kannst du mir vergeben? „Wenn Sie so um Vergebung bitten, wird zweierlei geschehen. Erstens wird Ihr Mann wünschen, daß alles wieder in Ordnung kommt und Ihnen bereitwilliger vergeben. Und zweitens wird es ihn dazu bringen, daß er in Zukunft auch Sie um Vergebung bitten wird, wenn er Sie gekränkt hat. Außerdem wird es ihm das Gefühl geben, daß er für Sie wichtig ist – Sie geben ihm indirekt zu verstehen, daß Ihnen so viel an ihm liegt, daß Sie seine verletzten Gefühle ernst nehmen.

Zeigen Sie eine beständige positive Einstellung

Während meines Studiums ging ich mit vielen Mädchen aus. Dann lernte ich ein Mädchen kennen, das eine besondere Eigenschaft besaß, die mich magnetisch anzog. Obwohl ich mich auch noch mit anderen Mädchen traf, rief ich sie fast jeden Tag an und sprach ein bis zwei Stunden mit ihr.

Diese unwiderstehliche Eigenschaft, die mich ständig ans Telefon trieb, war die positive Einstellung dieses Mädchens. Es machte immer großen Spaß, mit ihr zu reden; niemals tat oder sagte sie etwas Negatives. Im Gegenteil, sie war immer ermutigend und positiv. Vier Jahre später heirateten wir, und heute, nach vierzehnjähriger Ehe, ist ihre positive Lebenseinstellung immer noch eine wunderbare Quelle der Freude und Kraft. Mit ihrem wachen Bewußtsein sieht sie nicht nur die oberflächlichen Aspekte der Dinge, deshalb nimmt sie häufig positive Seiten an einer Situation wahr, die mir düster und hoffnungslos erscheint.

Wenn Ihr Mann seine Zeit gerne mit Ihnen verbringen soll, dann müssen Sie unbedingt eine positive Einstellung haben. Sie mögen jetzt sagen: „Wenn Sie meinen Mann kennen würden . . . Wenn Sie wüßten, was ich durchmache . . . Es ist für mich völlig unmöglich, eine positive Einstellung zu bekommen. Stellen Sie sich einmal die folgenden Fragen:

- Wie verhalte ich mich gegenüber unseren Gästen, wenn ich Kopfschmerzen habe?
- Wie verhalte ich mich, wenn ich in großer Eile bin und beim Einkaufen eine Freundin treffe, die Probleme hat?

Für gewöhnlich finden wir es leicht, oder zumindest notwendig, gegenüber unseren Freunden und Bekannten eine positive Einstellung zu haben. Sind Sie nicht auch der Meinung, daß unser Ehepartner dieselbe Rücksicht verdient?

Das Schlimmste, was Sie machen können, wenn Ihr Mann von der Arbeit nach Hause kommt, ist, ihn mit einer negativen Bemerkung zu empfangen. Es spielt dabei keine Rolle, ob Sie ihm ein Versäumnis vorhalten oder ob Sie berichten, welches Mißgeschick Ihnen im Laufe des Tages widerfahren ist.

Ich sage nicht, daß Sie überhaupt nicht über negative Dinge sprechen sollen. Ich möchte nur betonen, daß es dafür einen geeigneten Zeitpunkt und eine rechte Art und Weise gibt. Warten Sie, bis er sich ein wenig ausgeruht hat, oder bis die Kinder im Bett sind, und es ruhig ist. Wenn ein negatives Ereignis so wichtig ist, daß Sie es ihm gleich beim Nachhausekommen erzählen müssen, dann wenden Sie das Salzprinzip an (Kapitel 5). Eine negative Begrüßung sollte jedoch die Ausnahme sein und nicht die Regel. Wenn Ihr Mann nach Hause kommt, sollte es so friedlich zugehen wie möglich (wenn nicht gerade Ihr Sohn verhaftet wurde oder das Finanzamt auf der Stelle Ihre Steuererklärung prüfen will).

Haben Sie sich schon einmal gefragt, warum der Mensch sich eher auf das Negative als auf das Positive konzentriert? Die Antwort ist einfach: Wir neigen unserem Wesen nach mehr zum Negativen. Ganz gleich, wie gut eine Sache ist, wir scheinen immer etwas Negatives daran entdecken zu können.

Welche der folgenden Gleichungen findet am schnellsten Ihre Aufmerksamkeit?

2+2=4 5+6=11 7+8=17 8+8=16 11+9=20

Welches der fünf Wörter findet am schnellsten Ihre Aufmerksamkeit?

lesen fahren leiben schön klein

Beachten Sie, daß die falsche Gleichung (7+8=17) und das falsch geschriebene Wort (leiben) uns automatisch ins Auge stechen.

Wir alle neigen dazu, das Negative zu bemerken. Die meisten Nachrichten in den Zeitungen und im Fernsehen haben negative Inhalte. Und neigen wir nicht alle dazu, dem Klatsch zuzuhören?

Negative Gedanken, besonders über uns selbst, sind die Hauptursache für eine generell negative Lebenseinstellung. Was wir über ein Problem denken, hat größeren Einfluß auf unsere Gefühle als das Problem selbst. Wir alle neigen dazu, uns selbst mit Aussagen wie: „Ich bin zu nichts gut“, „Ich bin ein Versager“, „Nichts kann ich richtig machen“, „Er mag mich nicht“, „Dieser Mensch treibt mich zum Wahnsinn“, „Ich werd’ verrückt“, „Du bringst mich um den Verstand.“ „Ich hab’ die Nase voll davon“ zu beschreiben.

All diese kurzen negativen Aussagen, die sich auf das Negative konzentrieren, bringen eine negative Einstellung hervor. Das Endergebnis eines Lebens voller negativer Gedanken ist Frustration, Verzweiflung und Depression. Kürzlich sagte mir ein Psychiater, seiner Meinung nach könnten zwei Worte einen Menschen in die Nervenheilanstalt bringen: „Wenn nur ..."

Man muß verstehen, daß Depressionen und Verzweiflung zum größten Teil in einem direkten Zusammenhang mit negativen Gedanken stehen. Wenn wir morgens um 9 Uhr damit anfangen zu denken: „Ich bin zu nichts gut", oder: „Ich bin ein Versager", oder: „Er mag mich nicht", werden wir um 11 Uhr völlig deprimiert sein.

Unsere Gefühle folgen unserem Denken und Handeln. Wenn unser Denken und Handeln positiv ist, dann *werden* unsere Gefühle innerhalb weniger Stunden auch positiv. (In den Sprüchen heißt es, wie ein Mensch in seinem Herzen denkt, so ist er.)

Wie man eine positive Einstellung bekommen kann

Einmal kam eine junge Frau zu mir, die als junges Mädchen vergewaltigt worden war. Ich konnte ihr am Gesicht ablesen, daß sie deswegen immer noch verzweifelt und deprimiert war und sich schämte, darüber zu sprechen. Sie fühlte sich vom Leben betrogen und grollte Gott in gewisser Weise, weil Er es zugelassen hatte, daß ihr so etwas Schreckliches zustieß. Unfähig, mit der tiefen Scham über den Vorfall fertig zu werden, begann sie, darüber zu sprechen, wie sie nun als erwachsene Frau darüber empfand.

Ich sagte ihr gleich zu Anfang, sie könne niemals von der aufgrund dieser Erfahrung entstandenen Verbitterung, Scham und negativen Einstellung frei werden, wenn sie nicht zuerst die positive Seite daran erkannt habe. Sie sah mich an, als hätte ich den Verstand verloren, und sagte: „Welche positive Seite?"

„Ich möchte Ihnen eine sehr schwierige Frage stellen, unter Bezug auf zwei Bibelstellen – 1. Thess. 5,18 und Römer 8,28. Glauben Sie, daß Sie in diesem Moment Gott dafür danken könnten, daß Ihnen das passiert ist?"

„Das kann doch nicht Ihr Ernst sein", sagte sie. „Dafür könnte ich Gott nie danken. Das einzige, wofür ich dankbar sein könnte, ist die Tatsache, daß ich danach nicht psychisch krank geworden bin."

„Ich verlange von Ihnen nicht, daß Sie „dankbar" sein sollen, weil es ein schreckliches Erlebnis war. Ich bitte Sie nur darum, daß Sie bereit werden, zu sagen: ‚Ich danke dir, Gott, für die Vergewaltigung, weil ich weiß, daß du etwas Gutes daraus entstehen lassen kannst. Ich kann dieses Gute nur noch nicht sehen.' (Jes. 61,3; Röm. 8,28)

Sie meinte, sie könne das nicht tun, was auch ganz verständlich war. Aber ich sagte ihr, daß sie ihre Gefühle überwinden könnte. Dann fragte ich, ob sie meine Hilfe annehmen wolle. Sie antwortete: „Unbedingt."

„Zuerst einmal wollen wir über Ihre Freundschaften vor Ihrer Ehe reden. Haben Sie es jemals zugelassen, daß einer Ihrer Freunde Ihnen zu nahe trat?"

Sie antwortete: „Bestimmt nicht! Nachdem dieser Mann mir das angetan hatte, habe ich mir geschworen, daß kein anderer Mann mir *jemals* zu nahe kommen würde."

„Mit anderen Worten, weil Sie das als Kind erlebt haben, sind Sie später, als Sie auf der Universität waren, nie zu etwas Unmoralischem verleitet worden. Folglich sind Ihnen die Wunden, die aus einer unrechtmäßigen Beziehung entstehen können, erspart geblieben, vielleicht sogar die Folgen einer ungewollten Schwangerschaft. Im Grunde genommen haben Sie damals eine ‚Impfung' erhalten, die Sie möglicherweise vor schlimmeren Problemen bewahrt hat."

„Ja, so habe ich das noch nie gesehen, aber genau so war es", antwortete sie.

„Aber es gibt noch Wichtigeres. Sie haben damals, als das passiert ist, eine Gabe erhalten. Wissen Sie, was ich meine?"

„Nein, was für eine Gabe?"

„Sie haben eine unbezahlbare Eigenschaft erhalten, die Sie befähigt, andere besser zu lieben – *größere Sensibilität.* Wie groß ist Ihr Bewußtsein für die Bedürfnisse Ihrer Kinder und die Bedürfnisse Ihres Mannes?"

„Sehr groß."

„Das glaube ich. Es ist nur natürlich, daß unser Bewußtsein und unsere Sensibilität für das Leiden unserer Mitmenschen noch größer wird, wenn uns selbst etwas Schreckliches widerfährt. Dieses Bewußtsein und diese Sensibilität bilden die Grundlage für echte Liebe – man ist fähig, das Bedürfnis des anderen zu entdecken, und motiviert, es auf die wirkungsvollste Weise zu erfüllen."

Ich fragte weiter, was für einen Mann sie geheiratet hatte. War er ein harter oder ein zärtlicher Mensch?

Sie sagte, ihr Mann sei sehr liebevoll, zartfühlend und gütig. Sie hielt ihn für einen wunderbaren Ehemann. Uns beiden wurde immer klarer, daß ihr Bedürfnis nach einem zärtlichen und mitfühlenden Ehemann ihr bewußter wurde, weil sie von einem Mann mißbraucht worden war. Sie erkannte, daß diese Erfahrung sie für den Ehemann, den sie wirklich brauchte, „sensibilisiert“ hatte.

Als sie mein Büro verließ, hatte sie allen Grund, Gott für ihre Vergangenheit zu danken. Nachdem sie jahrelang in ihren negativen Gefühlen gefangen war, wurde sie frei, indem sie einfach die positiven Aspekte der ganzen Angelegenheit bedachte.

Der erste Schritt zu einer positiven Einstellung ist die Entdeckung der guten Seiten an einer negativen Erfahrung. (Übrigens habe ich bis jetzt von keiner Angelegenheit gehört, die nicht irgendwelche positive Seite gehabt hätte.) Oft scheint es so zu sein, daß die positiven Auswirkungen um so größer sind, je tragischer eine Situation ist. Ich meine damit nicht, daß die positiven Konsequenzen einer negativen Situation diese an sich rechtfertigen. Auf gar keinen Fall. Ich behaupte auch nicht, daß wir nur die positiven Seiten einer Erfahrung erkennen müssen, um frei zu werden von den Ketten der Schuld, der Verbitterung, der Verzweiflung und anderer negativer Gefühle, die uns gefangen halten.

An dieser Stelle muß ich auf zwei Dinge hinweisen. Erstens, ein unrechtes Handeln kann man nicht mit der Überlegung rechtfertigen, es werde ja letzten Endes etwas Gutes dabei herauskommen. Ich glaube, eine solche Argumentation ist oberflächlich und verkehrt, denn wer etwas Unrechtes tut, verliert immer (Lukas 17,1–2). Zweitens, Menschen, die unter einer tragischen Situation leiden, brauchen keine leichtfertigen Belehrungen wie: „Wenn du dich nur bemühst, kannst du ganz bestimmt etwas Gutes darin finden.“ Zuerst einmal muß man ein Gespür für ihre Gefühle und ihr unmittelbares Bedürfnis nach *Trost* entwickeln. Wenn, nachdem man ihnen auf barmherzige und einfühlsame Weise mitfühlenden Trost gespendet hat, der rechte Zeitpunkt gekommen ist, kann man ihnen langsam dabei helfen, an ihrem Problem auch eine gute Seite zu entdecken.

Je mehr Sie entdecken, was an *Ihren eigenen* Problemen Ihnen zum Besten dient, desto positiver wird Ihre Einstellung werden. Und das wird zur Folge haben, daß Ihr Mann mehr Zeit mit Ihnen verbringen möchte.

Verwenden Sie mehr Mühe und Sorgfalt auf Ihre innere als auf Ihre äußere Schönheit

Frauen wie Männer wenden offensichtlich mehr Zeit und Mühe dafür auf, ihr Äußeres zu pflegen, als dafür, ihr Inneres zu festigen. Eine Frau sollte sich auch darum bemühen, um für ihren Mann auch körperlich attraktiv zu sein.

Doch äußere Schönheit zieht nur die *Augen* eines Mannes an, die innere Schönheit hingegen erobert sein *Herz*. (1. Petr. 3,1–6)

Das 6. Kapitel enthält eine ausführliche Darstellung einiger Eigenschaften, die zur inneren Schönheit beitragen und die fast keinen Mann unbeeindruckt lassen: Mut, Ausdauer, Dankbarkeit, innere Ruhe, Sanftmut und echte Liebe. Hier eine kurze Zusammenfassung unserer Ausgangsdefinitionen dieser Eigenschaften:

Mut	Der innere *Vorsatz*, ein lohnendes Ziel zu verfolgen, ohne die Hoffnung aufzugeben.
Ausdauer	Die Fähigkeit, ein Ziel *weiter zu verfolgen*, bis es erreicht ist.
Dankbarkeit	Die aufrichtige *Anerkennung* dessen, was andere für uns getan haben.
Innere Ruhe	Ein innerer *Frieden*, der es ermöglicht, in einer Streßsituation ruhig und furchtlos zu reagieren.
Sanftmut	*Einfühlsame Rücksichtnahme* auf die Gefühle anderer.
Echte Liebe	Eingehen auf die *Bedürfnisse* anderer, ehe die eigenen Bedürfnisse erfüllt sind.

Wenn Sie diese Eigenschaften erwerben, wird Ihr Mann immer mehr Zeit mit Ihnen verbringen wollen.

Nehmen Sie es mit all seinen Interessen auf

Jede Ehefrau sollte sich folgenden prüfenden Fragen stellen:

Warum würde mein Mann gerne mehr Zeit mir mir verbringen wollen?

Würde *ich* mehr Zeit mit mir verbringen wollen?

Wie kann ich attraktiver werden?

Wie kann ich für meinen Mann attraktiver werden?

Wie kann ich für ihn attraktiver als seine anderen Interessen werden?

Um im Wettstreit um seine Aufmerksamkeit bestehen zu können, müssen Sie als erstes etwas dafür tun, daß Sie interessanter und attraktiver für ihn werden.

Eine Frau, zum Beispiel, war sehr verbittert, weil sie immer erst an zweiter Stelle hinter anderen Leuten und der Arbeit ihres Mannes kam. Nachdem sie jahrelang diesen Groll gehegt hatte, begann sie schließlich zu verstehen, *warum* er die Gesellschaft anderer Leute vorzog. Während eines besonders unglücklichen Urlaubs war sie die meiste Zeit schlecht gelaunt und verstimmt, weil er sich so viel mit anderen abgab. Nachdem sie lange und gründlich darüber nachgedacht hatte, erkannte sie, daß ihr Mann nicht gerne seine Zeit mit ihr verbrachte, weil die Dinge, die ihr Spaß machten, ihn einfach nicht interessierten (z. B. durch Kleider- und Schmuckgeschäfte bummeln). Nach diesem verdorbenen Urlaub beschloß sie, selbst attraktiver und interessanter zu werden.

Während ihr Mann noch eine andere Reise unternahm, entschloß sie sich zu einigen grundlegenden Veränderungen. Sie nahm ein paar Pfund ab, veränderte ihre Frisur und kaufte einige modische Kleider. Aber *am wichtigsten* war, daß sie auch ihre innere Einstellung veränderte. Besonders viel Mühe gab sie sich mit den Eigenschaften, die zur inneren Schönheit gehören. Ihr Mann sagte, als er sie bei seiner Rückkehr am Flughafen warten sah, habe er sich allen Ernstes gefragt: „Wer ist die schöne Blondine mit der Sonnenbrille?" Er konnte kaum glauben, wie sie sich verändert hatte. Er begann nicht nur, mehr Zeit mit seiner „neuen" Frau zu verbringen, sondern er wurde auch aufmerksam in Bereichen, für die er früher keinerlei Gespür gehabt hatte.

Wie sehen Sie aus, wenn Ihr Mann abends von der Arbeit nach Hause kommt? Sind Sie frisiert? Und wie steht es mit Ihrer Kleidung? Wenn er zum Essen in die Küche oder ins Eßzimmer kommt, ist der Tisch hübsch gedeckt? Kochen Sie Gerichte, die er gerne ißt, so wie er sie gerne mag? Entdecken Sie für jeden Bereich Ihres Lebens, wie Sie für ihn so attraktiv werden können, daß er lieber mit Ihnen zusammen ist als mit irgend jemand oder irgend etwas anderem. (Denken Sie daran, Sie tun das nicht nur zu Ihrem eigenen Vorteil; auch er wird für alle Beziehungen, besonders für die zu den Kindern, den Nutzen davon haben.)

Als zweites müssen Sie Ihrem Mann Bewunderung und Achtung

entgegenbringen. Er sehnt sich nach aufrichtiger Bewunderung und Anerkennung und wird sich zu den Menschen hingezogen fühlen, die ihn, seine Persönlichkeit oder seine Talente bewundern. Dieses Bedürfnis nach Bewunderung motiviert Männer dazu, sich in Ausschüsse wählen zu lassen, politische Ämter anzustreben und verschiedene Sportarten zu betreiben. Viele Männer nehmen sogar an anstrengenden Sportwettkämpfen teil, nur um eine Trophäe zu erringen – als sichtbares Zeichen für ihre Leistung.

Als dritten Schritt im Rennen um seine Aufmerksamkeit sollten Sie mehr Interesse an seinem Leben zeigen als irgend jemand sonst – mehr als seine Freunde, Arbeitskollegen oder Geschäftspartner. Stellen Sie sich einmal vor, welche Auswirkung es auf Ihre Ehe hätte, wenn Sie Ihrem Mann seine tägliche Dosis an echtem Interesse verabreichen würden. Wahrscheinlich würde er früher von der Arbeit oder von seinen Freunden weggehen, um zu Ihnen nach Hause zu kommen. Lachen Sie nicht! Das ist möglich!

Ich erinnere mich an eine junge Frau, die vollkommen verstört und durcheinander in mein Büro kam, nachdem ihr Mann ihr eröffnet hatte, er habe eine Freundin. Er hatte vor, seine Frau zu verlassen und wollte nur noch so lange bei ihr bleiben, bis ihr Baby geboren war. Als er ihr das sagte, wurde sie hysterisch. Sie sagte mir: „Als ich daran dachte, daß ich ihn verlieren würde, geriet ich so aus der Fassung, daß meine Reaktion ihn nur noch mehr abstoßen mußte. Ich bin sicher, daß er sogar meinen Gesichtsausdruck als unerträglich abstoßend empfand."

Die verbleibenden Wochen würden eine wertvolle Zeit für sie sein. Ich sagte ihr, sie solle jeden verfügbaren Augenblick darauf verwenden, mit der anderen Frau zu konkurrieren. Genau das tat sie dann. Sie erinnerte sich an einige seiner Lieblingsspeisen und kochte sie für ihn. Sie notierte sich, was ihn besonders interessierte, und kam dann während ihrer Unterhaltungen darauf zu sprechen. Sie tat auch etwas für ihr Äußeres und versuchte, so gut wie möglich auszusehen, wenn er abends nach Hause kam. Und vor allem verlangte sie nie von ihm, er solle zu Hause bleiben, auch wenn sie wußte, daß er wahrscheinlich zu der anderen Frau ging. Sie konnte ihre Bewunderung für ihn immer besser zum Ausdruck bringen und fing damit an, ihm kleine Aufmerksamkeiten zu erweisen, von denen sie dachte, sie würden ihm Freude machen. Zuerst wies er ihre Bemühungen zurück und sagte ihr, sie vergeude nur ihre Zeit. *Aber sie gab nicht auf.*

Innerhalb von drei Monaten hatte sich ihr Mann von der anderen getrennt, weil sich seine Frau so verändert hatte. Er sagte, er habe plötzlich eine Schönheit an ihr erkannt, die er vorher nie wahrgenommen hatte – die innere Schönheit, an der sie mit großer Mühe gearbeitet hatte. Ihr starkes Interesse an ihrem Mann und ihr Gespür für seine Bedürfnisse hatten alles, was die andere Frau zu bieten hatte, in den Schatten gestellt.

Setzen Sie Ihre besondere weibliche Gabe der Sanftmut ein

Sind Sie jemals so weit getrieben worden, daß Sie die Kontrolle über sich verloren haben? Es *kann* soweit kommen, daß Sie in einem Wutanfall schreien, fluchen oder mit Gegenständen werfen, weil Sie das Bedürfnis nach einer engeren Beziehung zu Ihrem Mann haben. Wenn er dieses Bedürfnis nicht erfüllt, werden Sie so frustriert, daß Sie von Zeit zu Zeit explodieren. Diese Explosionen mögen Ihre Wohnungseinrichtung in Bewegung bringen, aber sie setzen keine Veränderung seines Verhaltens in Gang.

Ganz sicher sind die Fehler Ihres Mannes Ihnen schmerzlich bewußt, aber es ist von äußerster Wichtigkeit, daß Sie ihm nicht alle vorhalten, wenn Sie wütend sind.

Der Mann neigt dazu, gegen sein Gewissen anzukämpfen. Und wenn Sie jetzt sein Gewissen werden, wird er Sie entweder bekämpfen oder vor Ihnen fliehen. Welchen Weg er auch wählt, Sie haben Ihr Ziel – mehr Zeit mit ihm zu verbringen – verfehlt.

Sie müssen Ihrem Mann sagen, wie wichtig es ist, gemeinsame Zeit zu verbringen. Aber sagen Sie es ihm sanftmütig und liebevoll, und zum rechten Zeitpunkt. Erklären Sie ihm, welche besonderen Tage Sie mit ihm verbringen möchten – Hochzeitstage, Geburtstage, Feiertage und andere Tage, die Ihnen etwas bedeuten. Dann finden Sie heraus, zu welchen Zeiten er gerne mit Ihnen zusammen wäre.

Es ist auch wichtig, darüber zu sprechen, was Sie in Ihrer gemeinsamen Freizeit unternehmen wollen. Sagen Sie ihm, wann Sie mit ihm allein sein möchten, wann Sie mit Freunden ausgehen wollen, ob Sie etwas mit den Kindern oder ohne sie unternehmen möchten. (Haben Sie schon einmal daran gedacht, eine Nacht mit ihm allein zum Zelten zu fahren? Denken Sie daran – nach Sonnenuntergang bleiben Ihnen noch einige Stunden zu ungestörter Kommunikation.)

Geben Sie ihm zu verstehen, daß er sich selbst einen Gefallen tut, wenn er Zeit mit Ihnen verbringt. Erklären Sie ihm, daß Sie um so besser auf seine körperlichen Bedürfnisse eingehen können, je enger Ihre Beziehung wird. Erklären Sie ihm auch, daß, in dem Maße, wie sich Ihre Beziehung vertieft, auch Ihr Wunsch wachsen wird, speziell für ihn etwas zu tun – besondere Mahlzeiten zu kochen, sich so zu kleiden, wie er es gerne hat, mit ihm zu Sportveranstaltungen zu gehen. Offene und ehrliche Kommunikation, wie sie durch eine Festigung der Beziehung ermöglicht wird, ist meiner Meinung nach einer der besten Wege, die persönlichen Bedürfnisse Ihres Mannes zu erkennen und zu erfüllen.

Ich habe mich oft gefragt, warum einige Frauen so viel essen, daß sie immer dicker werden. Können Sie sich vorstellen, daß der Grund dafür ein Mangel an Kommunikation ist? So ist es nämlich. Ihr Eßzwang steht oft in direktem Zusammenhang mit der Gleichgültigkeit ihres Mannes. Bei manchen Frauen genügt schon das Gefühl, daß in der Beziehung etwas nicht stimmt, damit sie Trost im Essen suchen. Wenn die Frau dann zunimmt, wird sie durch die Ablehnung, die sie von Ihrem Mann erfährt, und durch ihre Schuldgefühle noch mehr belastet. Sie wird frustriert und nervös, ihr Eßzwang wird immer stärker. Sie kann diesen Teufelskreis nur dadurch durchbrechen, daß sie ihrem Mann sagt – und zwar sanftmütig sagt –, daß sie von ihm verstanden und angenommen sein will.

Wenn Sie Ihre Gefühle sanftmütig, liebevoll und ruhig erklären, wird daran deutlich, daß Sie nicht selbstsüchtig handeln, wenn Sie mehr Zeit mit ihm gemeinsam verbringen wollen. Wenn Sie zu wenig Zeit miteinander verbringen, belastet das Sie und Ihre Beziehung zu ihm.

Fragen Sie ihn nach seiner Meinung in Ihren Interessensbereichen

Bonney hatte Hauswirtschaft als Hauptfach studiert; dazu gehörte auch ein Kursus in Innenarchitektur. Sie ist sehr kreativ und ist bei der Einrichtung eines Zimmers nicht auf die Hilfe ihres Mannes angewiesen. Ob es um die Auswahl von Tapeten, Teppichen und

Lampen, oder um die Anordnung der Möbel geht, sie weiß genau, wie sie jedem Raum durch geschmackvolle Einrichtung eine ganz besondere Note geben kann. Steve kennt dieses Talent seiner Frau; er weiß, daß Bonney bei der Einrichtung ihres Hauses seine Hilfe nicht benötigt. Trotzdem hat sie ihm bei vielen Gelegenheiten das Gefühl gegeben, gebraucht zu werden und anerkannt zu sein, indem sie ihn um seine Meinung zu Teppichmustern, Stoffproben etc. bat. Niemals äußerte sie sich abschätzig über seinen Geschmack, und deshalb freut er sich immer darauf, etwas mit ihr gemeinsam zu tun, wie er mir sagte.

Viele Männer schätzen es, wenn ihre Frau ihre Hilfe in Anspruch nimmt. Meine Frau kann mich immer dazu bringen, mich ihr anzuschließen, wenn sie irgendeine Reparatur in Angriff nimmt. Wenn sie mich direkt bittet, die Arbeit zu übernehmen, habe ich meistens keine Lust dazu. Wenn ich jedoch sehe, wie sie sich mit etwas abmüht, bin ich sofort dabei, und wir machen es dann *gemeinsam*. Ich freue mich wirklich, wenn sie mich ohne Erwartungshaltung sanft um Hilfe bittet und mir dann ihre Dankbarkeit dafür zeigt. Sie mögen denken: „Warum sollte eine Frau all das tun müssen, damit ihr Mann mehr Zeit mit ihr verbringt? Das ist doch ungerecht!“ Ich stimme Ihnen zu. Aber es ist nun einmal so, daß die Männer die Büffel und die Frauen die Schmetterlinge sind! Und der Büffel wird nie die Sensibilität des Schmetterlings annehmen, wenn man ihn nicht dazu motiviert.

Doch sollten Sie in diesem Zusammenhang darauf achten, einige mögliche Fehler nicht zu begehen. Erstens, wenn Sie ihn um Hilfe bitten, dann kritisieren Sie ihn nicht dafür, daß er die Arbeit schlechter ausgeführt hat, als Sie es getan hätten. Durch Kritik an seiner Arbeit werden Sie ihn sehr schnell davon abschrecken, noch einmal mit Ihnen zusammenzuarbeiten. Wenn er etwas macht, das Ihren Vorstellungen nicht entspricht, dann beißen Sie sich auf die Zunge!

Zweitens, wenn er auf Ihre Bitte um seinen Rat eine Antwort gibt, die Ihnen nicht paßt, dann rufen Sie keinen Streit hervor. Sie können eine Auseinandersetzung leicht vermeiden, indem Sie ihm die Wahl zwischen verschiedenen Möglichkeiten geben, die Sie alle akzeptieren können. Zum Beispiel, wenn Sie ihn um seine Meinung bei der Auswahl der Tapeten bitten, dann geben Sie ihm nicht ein Musterbuch mit fünfhundert verschiedenen Tapeten. Legen Sie ihm vielmehr nur einige verschiedene Muster zur Auswahl vor, die Ihnen auch gefallen. Dann bitten Sie ihn, sich für eines davon zu entscheiden. Wenn ihm keines gefällt, sehen Sie das Musterbuch noch einmal durch und machen Sie ihm einige andere Vorschläge.

Meine letzte Warnung: Überlegen Sie sich, in welchen Bereichen Sie ihn um Hilfe bitten sollen, und bringen Sie ihn nicht in Verlegenheit.

Unmittelbar nach dem Studium hatten wir noch nicht genug Geld, um uns fertige Gardinen fürs Wohnzimmer kaufen zu können. Also machte Norma sie selber, und ich half ihr dabei. Nach einem Schnellkurs im Nähen unterstützte ich sie tatkräftig bei der Fertigstellung der Vorhänge. Sie waren zwar nicht gerade die schönsten Exemplare ihrer Art, aber wir freuten uns über unsere gemeinsam vollbrachte Leistung. Und ich konnte all die Kleinigkeiten, auf die man beim Nähen von Vorhängen achten muß, viel besser würdigen. Klingt gut, nicht wahr? Zu gut!

Ich werde nie vergessen, wie ich eines Tages mit dem Vorsitzenden der Unterrichtsbehörde, für die ich tätig war, die Straße entlang fuhr. Auf einmal sagte er: »Ich habe mit Ihrer Frau gesprochen, und sie erzählte mir, Sie hätten ihr beim Gardinennähen geholfen.“ Er sah mich merkwürdig an und fragte dann: „Nähen Sie wirklich gerne?“ Ich war so verlegen, daß ich mir schwor, ich würde nie wieder meiner Frau mit etwas helfen, was von anderen Leuten falsch aufgefaßt werden könnte.

Wenn sie nur gesagt hätte: „Mein Mann hat mir beim Entwurf der Vorhänge wirklich sehr geholfen“, wäre das nicht so peinlich für mich gewesen. Doch ich kam mir lächerlich vor, wenn andere Leute wußten, daß ich tatsächlich an der Nähmaschine saß und Vorhänge nähte. Noch schlimmer war die Frage, ob ich gerne nähte. Heute, wo ich „reifer“ bin, würde es mir nichts ausmachen, so etwas zuzugeben. Aber damals konnte mein Ego das einfach nicht verkraften.

Die sechs in diesem Kapitel erläuterten Motivationsmöglichkeiten sind wirklich erfolgreich. Von heute auf morgen kann man natürlich nicht alle anwenden, aber mit der Zeit werden sich viele Gelegenheiten ergeben, von jeder einzelnen Gebrauch zu machen. Wenn Sie das tun, werden Sie feststellen, daß Ihr Mann sich durch Ihre Bewunderung und Anerkennung zu Ihnen hingezogen fühlt; Ihre positive

Einstellung wird für ihn zu einer immer wichtigeren Quelle der Ermutigung und Kraft werden; und von Ihrer Hinwendung zu ihm werden Sie beide profitieren.

Zum Nachdenken

1. Warum kann ein Mann für den Glauben gewonnen werden, ohne daß seine Frau ein einziges Wort darüber sagt?
2. Wie ist Römer 12,10 zu verstehen? Was könnte dieser Vers für Ihre Ehe bedeuten?

8

Was Sie tun können, damit Ihr Mann Ihnen seine beständige und ungeteilte Aufmerksamkeit schenkt

„Wem eine tüchtige Frau beschert ist, die ist viel edler als die köstlichsten Perlen.“
Sprüche 31,10

Als ich kürzlich nach Los Angeles flog, gab der Pilot bekannt, es befände sich eine Gruppe an Bord, die für jeden Passagier, der in diesem Monat Geburtstag hatte, „Happy Birthday“ singen würde. Als sie mit dem Singen fertig waren, fragte ich, ob ich die verheirateten Mitglieder der Gruppe interviewen dürfte, da ich gerade Material für mein Buch sammelte. Sie erklärten sich freundlicherweise bereit, und ich hatte die Gelegenheit, mehr als eine Stunde mit zwei Frauen zu sprechen. Die eine war seit einem Jahr verheiratet, die andere seit drei Jahren. Beide waren wortgewandt, intelligent und attraktiv.

Zu Anfang fragte ich sie, was für sie die größte Enttäuschung in ihrer Ehe war. Ihre Antwort? Beide sagten, es sei nahezu unmöglich, die ungeteilte Aufmerksamkeit ihres Mannes zu erhalten, außer wenn er irgendwelche Hintergedanken hatte.

Es überraschte mich nicht, daß beide dieselbe Antwort gaben. Ich habe es von Hunderten von Frauen, jüngeren und älteren, attraktiven und weniger attraktiven, immer wieder gehört. Die Unaufmerksamkeit des Mannes scheint allen Frauen Grund zum Klagen zu geben. Die beiden jungen Frauen sagten, sie hätten die Hoffnung auf eine Veränderung in ihrer Ehe schon aufgegeben. Sie hatten sich mit einer Situation abgefunden, die in der Gesellschaft als „natürlich“ gilt.

Sie ist *nicht* „natürlich“, und sie *kann* verändert werden. Ganz gleich wie Ihre spezielle Situation aussieht, es gibt mindestens vier Möglichkeiten, wie Sie die beständige und ungeteilte Aufmerksamkeit Ihres Mannes erlangen können. Die beiden jungen Frauen waren begeistert, als sie erfuhren, wie sie ihren Mann zum Zuhören bringen könnten. Und auch Sie können neuen Mut gewinnen, wenn Sie sehen, welche Veränderungen durch die Anwendung der folgenden Grundsätze erreicht werden können.

Ziehen Sie Ihren Mann durch Ihre Ausstrahlung an

Es gab etwas an meinem Vater, das mich magnetisch zu ihm hinzog. Nach der Schule lief ich oft eilig in sein Eisenwarengeschäft, anstatt noch etwas mit meinen Freunden zu unternehmen. Was zog mich so zu meinem Vater? Warum ging ich sogar lieber zu ihm, als mich meinen Lieblingsbeschäftigungen zu widmen? Sobald ich seinen Laden betrat, schien er förmlich zu strahlen. Seine Augen leuchteten, er strahlte übers ganze Gesicht, seine ganze Miene drückte aus, wie glücklich er war, mich zu sehen. Fast erwartete ich, er würde verkünden: „Seht mal alle her, das ist mein Sohn". Das gefiel mir außerordentlich gut. Obwohl ich mir damals dessen noch nicht bewußt war, war all das, was er auf so vielsagende Art und Weise ohne Worte zum Ausdruck brachte, der Grund für seine außergewöhnliche Anziehungskraft.

Unsere Kommunikation erfolgte zu 93 Prozent ohne Worte. Deshalb wird Ihr Mann am häufigsten durch Ihr nichtverbales Verhalten angezogen bzw. zurückgestoßen. Wenn er nach Hause kommt, und Sie empfangen ihn mit einem Gesicht wie drei Tage Regenwetter, als ob Sie sagen wollten: „Oh, der Meckerer ist wieder da", oder: „Ach, du bist es nur", dann wird er natürlich abgestoßen. Wenn Sie ihn sehen, sollten Sie vor Freude „strahlen", und das besonders durch Ihre Miene und den Ton Ihrer Stimme zum Ausdruck bringen. Dieses Strahlen kommt aus dem inneren Wissen um seinen Wert. Norma zeigt dieses Strahlen, wenn ich zur Tür hereinkomme, und deshalb bin ich gerne mit ihr zusammen, um mit ihr zu reden und ihr zuzuhören. Wenn sie bei der Erwähnung eines besonderen Themas „strahlt", möchte ich gerne mehr darüber sprechen; folglich höre ich ihr gerne zu und interessiere mich für ihre Meinung und ihre Bedürfnisse.

Wenn ein Mann die aufrichtige Wertschätzung seiner Frau „sieht", wird er zu ihr hingezogen (1. Petrus 3,1–2).

Psychologiestudenten lernten etwas darüber, welche Wirkung das „Strahlen" bei den Zuhörern auf den Redner haben kann. Als nach der Vorlesung der Professor gegangen war, besprachen sie sich untereinander und beschlossen, ein Experiment durchzuführen. Jedesmal, wenn der Professor in die Nähe des Heizkörpers kam, wollten sie besonders aufmerksam erscheinen – sich aufrecht hinsetzen, einen lebhafteren Gesichtsausdruck annehmen, eifriger mitschreiben –, so interessiert wie möglich aussehen, ohne es jedoch zu übertreiben. Jedesmal, wenn der Professor sich vom Heizkörper entfernte, sollte ihr Interesse spürbar nachlassen – sie würden sich gelangweilte Blicke zuwerfen und sich in ihren Stühlen zurücklehnen. Ihr Experiment lieferte den schlagenden Beweis für die Wirksamkeit des „Strahlens". Innerhalb weniger Wochen hielt der Professor seine ganze Vorlesung vom Heizkörper aus!

Als ich noch aufs College ging, wollte ich selbst ein ähnliches Experiment machen. Ich bat meine zehnjährige Nichte Debby, hundert Sätze zu bilden und dabei jeweils eines der Pronomen „er", „sie", „es", „wir", „sie", „ich" zu verwenden. Vorher hatte ich mir vorgenommen, sie immer bei dem Pronomen „er" durch bestätigende Gesten, einen positiven Gesichtsausdruck oder Tonfall zu ermutigen. Jedesmal, wenn sie ein anderes Pronomen benutzte, wollte ich mich zurücklehnen, gelangweilt dreinschauen und nur gleichgültig etwas vor mich hin murmeln.

Als wir ungefähr beim fünfzigsten Satz angelangt waren, benutzte Debby das Pronomen „er" in jedem Satz, und das ging so weiter bis zum Schluß. Debby wußte nicht, was ich tat; sie dachte, ich wollte etwas über ihren Satzbau herausfinden. Sie war sich nicht bewußt, daß sie das Pronomen „er" so häufig gebrauchte. Seitdem habe ich von der Methode des „Strahlens" Gebrauch gemacht, um zu zeigen, daß ich an dem, was andere sagen, wirklich interessiert bin. Ich habe auch festgestellt, daß meine positive nichtverbale Kommunikation dazu führt, daß die anderen sich mehr dafür interessieren, was ich sage.

Ich möchte Sie ermutigen, diese Methode anzuwenden, um Ihrem Mann zu zeigen, wie *wichtig* er ist. Das hat einen unschätzbaren Wert für den Aufbau einer liebevollen Beziehung.

Lernen Sie mehr über seine Interessen und seinen Beruf

Für viele Männer werden ihre Hobbys zu einer verzehrenden Leidenschaft. Sie leben nur noch für ihr Hobby oder ihren Beruf und denken an nichts anderes mehr. Eine Frau erzählte mir, sie wollte eine tiefere Beziehung zu ihrem Mann aufbauen, wußte aber nichts über seine beiden Hobbys, Jagen und Angeln. Sie entschied, der einzige Weg, mehr über seine Interessengebiete zu erfahren, wäre, selbst Jagen und Angeln zu lernen. Sie hatte nicht wirklich den Wunsch, zu jagen oder zu angeln, aber sie *hatte* den Wunsch nach einer tieferen Beziehung zu ihrem Mann.

Zuerst bat sie ihn, ihr beizubringen, wie man mit einem Gewehr umgeht. Sie verbrachten Stunden auf dem Schießplatz, und sie stand die nötigen Übungen durch. Der nächste Punkt auf ihrer Liste war eine Angelpartie, die aufgrund ihrer mangelnden Geschicklichkeit zu einem frustrierenden Erlebnis wurde. Daraufhin übte sie im Hof, die Angelrute auszuwerfen, und je geschickter sie wurde, desto mehr Spaß machte ihr die ganze Sache. In den ersten Wochen ihres „Trainings" wurde sie mutlos und dachte schon, die ganze Idee sei reine Zeitverschwendung. Aber sie hielt durch. Jetzt ist sie ein ausgezeichneter Schütze, und es macht ihr Spaß, mit ihrem Mann zur Jagd und zum Angeln zu gehen. Ihre gemeinsamen Erfahrungen haben sie nicht nur einander näher gebracht, sondern, und das ist noch wichtiger, sie haben nun ein gemeinsames Interessengebiet, über das sie sich beide gerne unterhalten. Es ist jetzt viel leichter für sie, seine ungeteilte Aufmerksamkeit zu erlangen, in dem sie ein Gespräch über Jagen oder Angeln beginnt und dann zu anderen Themen überleitet.

Wenn Sie meinen, Ihr Mann habe nicht die nötige Geduld, um Ihnen eines seiner Hobbys beizubringen, sollten Sie sich davon nicht abhalten lassen. Holen Sie sich einfach Ihre Informationen irgendwo anders. Für fast jede Sportart oder Freizeitbeschäftigung werden Kurse angeboten. Probieren Sie es einfach einmal aus, dann werden Sie auch merken, ob Sie es durchhalten können. Wenn Sie dann eine gewisse Fertigkeit erworben haben, überraschen Sie Ihren Mann damit. Wenn Sie ihm vorher von Ihrer Absicht erzählen, wird er vielleicht nicht glauben, daß Sie auch dabei bleiben werden. Er könnte Sie möglicherweise sogar davon abhalten, es überhaupt zu versuchen.

Fast jeder Mann interessiert sich für eine Sportart – ob aktiv oder passiv. Welche Sportart sich Ihr Mann auch im Fernsehen ansieht, versuchen Sie Interesse daran zu gewinnen. Am Anfang wird es für Sie vielleicht sehr langweilig sein, aber wenn Sie etwas über die Spielregeln, die Technik, usw. lernen, werden Sie auch mehr Spaß an dem Sport finden. Verfolgen Sie ebenso aufmerksam wie Ihr Mann, was vor sich geht, sonst werden Sie ihn nur irritieren. Wenn er ein Fußballspiel anschaut und Sie neben ihm mit den Stricknadeln klappern, wird ihn das höchstwahrscheinlich „auf die Palme bringen“. Soweit es ihn betrifft, ist ein Interesse ohne volle Aufmerksamkeit gar kein Interesse. (Je mehr Sie übrigens über das Privatleben und die Familien der Sportler erfahren, desto mehr wird Ihr Interesse zunehmen.)

Wie schon erwähnt, braucht jeder Mann Bewunderung. Da er den größten Teil des Tages bei der Arbeit verbringt, ist seine Identität mit seinem Beruf verknüpft, so wie Ihre Identität mit Ihrem Heim und der Familie oder Ihrem eigenen Beruf verknüpft ist. Wenn Sie für seinen Beruf keine Begeisterung aufbringen, wird er kaum glauben können, daß Sie irgend etwas an ihm bewundern. Daher ist sehr wichtig, daß Sie genug über seine Aufgaben in Erfahrung bringen, damit Sie echtes Interesse dafür zeigen können. Sie können nicht von heute auf morgen alles über seinen Beruf lernen, lassen Sie sich Zeit damit.

Eine Frau sagte mir, sie fände den Beruf Ihres Mannes als Fernfahrer abstoßend. Sie hatte das Vorurteil, alle Fernfahrer seien rauh, ungehobelt, schmutzig und von lockerer Moral. Obwohl sie nie etwas Negatives dazu *sagte*, brachte ihr nichtverbales Verhalten ihre ganze Einstellung zum Ausdruck. Langsam, aber sicher, verlor ihr Mann das Interesse daran, seine Zeit mit ihr zu verbringen.

Ich gab ihr die Anregung, sich doch einmal näher damit zu beschäftigen, welche unschätzbaren Dienste die Fernfahrer für die Gesellschaft leisten. Ich gab ihr zu bedenken, daß fast alles, was sie besaß, per Lastwagen geliefert worden war. Praktisch jeder Industriezweig ist von diesem Gewerbe abhängig, und ein Fernfahrerstreik kann fast unsere ganze Gesellschaft lahmlegen. Ich erzählte ihr auch, wie oft schon Fernfahrer uns geholfen hatten, als wir auf der Landstraße mit einer Autopanne liegengeblieben waren.

Ich schlug ihr vor, sie solle damit beginnen, ihrem Mann Fragen zu stellen: über die verschiedenen Güter, die er transportiert; die

Städte, durch die er fährt; die Leute, die er trifft; die Probleme, die ihm begegnen. Innerhalb eines Monats hatte sie ein ganz neues Verständnis für den Wert und die Schwierigkeiten seiner Arbeit gewonnen.

Wenden Sie das Salzprinzip an

Das Salzprinzip wurde schon in Kapitel 5 vorgestellt. Wenn Ihnen manche Sachen noch nicht ganz klar sind, wäre es vielleicht gut, dieses Kapitel noch einmal durchzugehen, ehe Sie weiterlesen.

Das Salzprinzip ist zweifellos die effektivste Methode, die ungeteilte Aufmerksamkeit Ihres Mannes zu erlangen. Obwohl man etwas Übung braucht, werden Sie, wenn Sie die Technik erst einmal beherrschen, seine Aufmerksamkeit immer erhalten – sogar dann, wenn er weiß, was Sie da tun. Denken Sie daran, liebevoll, sanftmütig und freundlich vorzugehen. Wenn Ihre Haltung oder Ihre Stimme Stolz oder Anmaßung verrät, wird Ihr Mann sich nur darüber ärgern, daß Sie seine Neugier wecken wollen. Er wird glauben, Sie setzten eine Waffe ein, besonders wenn Sie ihn zuerst neugierig machen und dann mit einer Bemerkung abspeisen, wie: „Das sage ich dir später, wenn du positiver dazu stehst!" Dies ist die beste Methode, Ihren Mann gegen die Wirkung des Salzprinzips zu immunisieren.

Wenn es mit der richtigen Einstellung angewandt wird, wirkt das Salzprinzip sogar dann, wenn der Zuhörer in Eile ist oder unter Druck steht. Sie müssen nicht unbedingt warten, bis Ihr Mann frei von Anspannung oder Termindruck ist, um seine Neugier zu erregen. Setzen Sie einfach alles ein, was Sie können: „salzige" Fragen, eine freundliche Miene und eine sanfte Stimme.

Lehren Sie Ihren Mann, Ihnen zuzuhören

Ich hoffe, daß eine Sache jetzt klar geworden ist: Die meisten Männer verstehen Frauen nicht. Da Sie Ihre Bedürfnisse besser als irgend jemand anders kennen, können Sie der beste Lehrer Ihres Mannes sein. Er muß von Ihnen lernen, *warum* und *wie* er zuhören soll.

Erklären Sie als erstes, warum es für Sie wichtig ist, daß er mit ungeteilter Aufmerksamkeit zuhört. (Die „tüchtige" – oder auch

„vortreffliche" – Frau in Sprüche 31,10 wurde so genannt, weil sie Überzeugung und Einfluß besaß. Überzeugung schafft Einfluß. Wenn Sie von etwas überzeugt sind, wie von der Wichtigkeit einer besseren Beziehung, wird sich das an Ihrem Gesichtsausdruck ablesen lassen.)

Lassen Sie ihn wissen, daß Sie sich unwichtig und unbeachtet vorkommen, wenn er nicht aufmerksam zuhört. Erklären Sie ihm, daß das wiederum Ihren Wunsch verringert, seine Bedürfnisse zu erfüllen. Stellen Sie klar, daß jedoch auch das Gegenteil gilt. Wenn er Ihnen aufmerksam zuhört, kommen Sie sich wichtig vor und verspüren viel eher den Wunsch, mit größerer Phantasie auf seine Bedürfnisse einzugehen. Vielleicht müssen Sie ihm das wiederholt erklären, bevor es sich ihm einprägt. Aber jedesmal, wenn sich die Gelegenheit ergibt, haben Sie wieder die Möglichkeit, seine Neugier zu erwecken.

Darüber hinaus müssen Sie ihm auch zeigen, *wie* er mit ungeteilter Aufmerksamkeit zuhören soll. Sprechen Sie mit ihm über die nichtverbalen Mittel der Kommunikation. Wenn er lernt, Ihre Gefühle an Ihren Augen oder Ihrem Gesichtsausdruck abzulesen, werden sich sowohl Ihre Kommunikation, als auch Ihre Beziehung vertiefen. Erinnern Sie ihn sanft daran, daß es nicht genügt, wenn er mit halbem Ohr hinhört, und daß Sie nicht mit Arbeit, Sport oder Fernseher konkurrieren wollen.

Achten Sie darauf, daß Ihre Unterhaltungen nicht mit einem Streit enden. Nützen Sie Ihre Sensibilität und lernen Sie es, Themen, Worte und Verhaltensweisen zu umgehen, die einen Streit auslösen könnten. Manche Frauen gestehen, daß sie die Aufmerksamkeit ihres Mannes nur gewinnen können, wenn sie einen Streit anfangen. Leider ist das nicht die Art von Aufmerksamkeit, die dem Aufbau einer gesunden Beziehung dient. Ein Gespräch sollte so ermutigend und angenehm wie möglich verlaufen.

Es ist ein größeres Unterfangen, zu lernen, wie man die ungeteilte Aufmerksamkeit des Ehemanns erlangen kann. Doch ist die Erlangung dieser Aufmerksamkeit kein Selbstzweck. Sie ist vielmehr ein Mittel, um Ihrer Beziehung einige schöne neue Facetten hinzuzufügen.

Eine davon wird im 9. Kapitel ausführlich behandelt: Wie Sie Ihrem Mann helfen können, Ihre emotionalen und romantischen Bedürfnisse zu erkennen.

Zum Nachdenken

Warum wurde die Frau, die in Sprüche 31,10–31 beschrieben wird, von ihrem Mann so geehrt? Welche zehn Eigenschaften besaß sie?

9

Was Sie tun können, damit Ihr Mann aufmerksam wird auf Ihre emotionalen Bedürfnisse und Wünsche

„Eine tüchtige Frau ist ihres Mannes Krone; aber eine schandbare ist wie Eiter in seinem Gebein.“ Sprüche 12,4

Die meisten Frauen haben eine kurze und einfache Definition für Romantik und Zartgefühl: „die kleinen Dinge“. Haben Sie je versucht, Ihrem Mann zu erklären, was diese kleinen Dinge sind? Eine Frau erzählte mir: „Mein Mann glaubt, was für einen großen Gefallen er mir tut, wenn er einen neuen Toaster kauft. Aber aus irgendeinem Grund würde es mir viel mehr bedeuten, wenn er morgens meine Hand nehmen oder mich auf die Wange küssen würde, um mir zu sagen, daß ich für ihn etwas ganz Besonderes bin.“

Eine Frau kann sich so sehr mit ihren Kindern, ihrem Heim und ihrer täglichen Arbeit identifizieren, daß sie oft ihre Identität als Einzelperson verliert. Daher hat sie ein tiefes Bedürfnis danach, aus ihrer Umgebung herausgehoben und als Person geliebt zu werden. Keine Frau will nur als Ehefrau, Arbeitskraft, Köchin, Putzfrau, Mutter, Waschfrau, Büglerin oder Familienchauffeur betrachtet werden. Es genügt nicht, daß ihre Familie die Rolle, die sie übernimmt, schätzt und anerkennt. Sie hat das Bedürfnis, daß ihr Mann sie unabhängig von dieser anspruchsvollen Rolle betrachtet und sie für das liebt, das sie *ist*, und nicht so sehr für das, was sie *tut*. Wenn er einmal für ihre emotionalen Bedürfnisse und Wünsche sensibel wird, kann er darauf mit mehr Phantasie eingehen und all die „kleinen Dinge“ für sie tun. (In dem Buch „Entdecke deine Frau“ wird dieses Thema eingehend behandelt.)

Sie können Ihrem Mann die Motivation und das Wissen vermitteln, die er dafür braucht, indem Sie sich in drei Fähigkeiten üben:

1. Säen Sie die Saat der Liebe;
2. Erklären Sie Ihre individuellen Bedürfnisse und Wünsche;
3. Zeigen Sie Dankbarkeit, ohne etwas zu erwarten.

Säen Sie die Saat der Liebe

Wir ernten, was wir gesät haben (Gal. 6,7). Das haben Sie sicher schon hundertmal gehört, aber es ist heute noch genauso wahr wie vor ein paar tausend Jahren. Wenn Sie grob und streitsüchtig sind, werden sich die anderen Ihnen gegenüber auch so verhalten. Wenn Sie dagegen rücksichtsvoll und sanftmütig sind, wird es den anderen schwerfallen, mit Ihnen anders umzugehen. Wenn Sie die Bedürfnisse Ihres Mannes herausfinden und sich bemühen, sie zu erfüllen, wird er letzten Endes diese Bemühungen bemerken und Sie dafür schätzen. Aus seiner Wertschätzung heraus wird bei ihm der Wunsch entstehen, Ihre Beziehung zu bereichern. Wenn Sie anfangen, die Saat der Liebe und Fürsorge für Ihren Mann zu säen, werden Sie bald seine Liebe und Wertschätzung ernten.

Entdecken Sie die individuellen Bedürfnisse Ihres Mannes

Einige Frauen meinen, sie wüßten alles über die Bedürfnisse ihres Mannes, ohne überhaupt danach zu fragen. Aber ich bin noch nie einem Mann begegnet, der sagen konnte, daß seine Frau *alles* von ihm wußte.

Es ist schon komisch, wenn man eine Frau trifft, die glaubt, sie kenne ihren Mann in- und auswendig. Sie ist sich ihrer Sache völlig sicher, wenn sie sagt: „Ich weiß genau, warum er das tut“, oder: „Ich kenne ihn von Grund auf.“ Doch meist genügen einige wenige Fragen, und man stellt fest, daß die „allwissende“ Ehefrau viel weniger über ihren Mann weiß, als sie immer angenommen hatte. Viele Ehepaare, die sich angeblich ganz genau kennen, haben in Wirklichkeit jahrelang nur eine oberflächliche Beziehung gehabt. Leider sind Ehen dieser Art eher die Regel als die Ausnahme.

Machen Sie Schluß mit der Oberflächlichkeit und entdecken Sie die Individualität Ihres Partners. Obwohl Ihr Mann viel mit anderen Männern gemeinsam hat, ist er doch eine vollkommen einzigartige Persönlichkeit. Er unterscheidet sich von anderen durch sein Temperament, seine Persönlichkeit, seine Kindheit und Jugend, seine Familie, seine Herkunft, seine Talente, seine Ziele und Wünsche, seine Erfolge und Niederlagen, seine Frustrationen und Enttäuschungen.

Sie müssen die Vorstellung aufgeben, er sei wie alle anderen Männer, eben ein alltäglicher Durchschnittsmann. Herauszufinden, *wer er ist* und *was er fühlt*, kann eine der anregendsten und lohnendsten Investitionen Ihres Lebens werden. Sie könnten ihn einmal fragen: „Was ist für dich als Mann wirklich wichtig?" Hören Sie aufmerksam zu, wenn er etwas über seine tiefsten Empfindungen mitteilt. Stellen Sie eine Liste der Dinge auf, die er Ihnen mitteilt, und beweisen Sie Interesse daran, indem Sie von Zeit zu Zeit das Gespräch darauf bringen. Versuchen Sie herauszufinden, was ihn verletzt und enttäuscht. Mit anderen Worten, lernen Sie Ihren Mann wirklich kennen.

Betrachten Sie als nächstes die Bedürfnisse, die alle Männer gemeinsam haben. Denken Sie aber daran, daß Sie alles ganz speziell auf Ihren Mann zuschneiden müssen.

Bedürfnisse, die alle Männer gemeinsam haben

Männer wollen geliebt werden

Wenn Ihr Mann lieber allein leben wollte, wären Sie jetzt nicht mit ihm verheiratet. Für jeden Mann ist es wichtig, zu wissen, daß irgend jemand, irgendwo auf der Welt, sich um ihn kümmert. Er muß spüren, daß er von einem anderen Menschen mit Wärme und Herzlichkeit angenommen wird. Er muß wissen, daß er einen ergebenen, engen Freund hat, der ihn mag, was immer er auch tut. Er braucht, ebenso wie Sie, die Sicherheit der echten Liebe. Deshalb sollen die älteren Frauen die jüngeren lehren, ihre Männer zu lieben (Titus 2,4).

Echte Liebe ist viel mehr als ein Gefühl; sie dauert ein Leben lang. Sie ist die Verpflichtung, bedingungslos für den geliebten Menschen dazusein. Sie sagt: „Ich bin mit dir verbunden, ganz gleich wie du mich behandelst, oder was geschieht." Echte Liebe ist nicht abhängig von Gefühlen oder Umständen. Sie nutzt den Augenblick, um Sinn und Freude in das Leben anderer zu bringen. Wenn Ihre Ehe so werden soll, wie Sie es sich wünschen, müssen Sie *heute*, auf der Stelle, anfangen, die bedingungslose Liebe zu üben, die das Fundament einer erfüllten Ehe bildet.

Wenn Sie anfangen, echte Liebe zu üben, werden Sie möglicherweise keinerlei romantische Gefühle verspüren. Lassen Sie sich davon nicht entmutigen. Ich kann Ihnen versprechen, wenn Sie beharrlich durch Ihre Worte und Ihr Handeln echte Liebe zum Ausdruck bringen, werden sich die Gefühle schließlich auch einstellen. Und die romantische Liebe, die Sie einmal mit Ihrem Mann erlebten, wird wiederkehren. Die Vorstellung, daß man echte Liebe immer fühlen muß, ist ein großer Irrtum. Gefühle sind wandelbar – sie kommen und gehen. Aber Liebe ist eine unwandelbare Verpflichtung. Ihr Mann muß spüren, daß Sie ihn als Person bedingungslos annehmen – daß Sie seine Meinung schätzen, ganz gleich wie er sie formuliert; daß Sie Anteil an ihm nehmen, wie nervenaufreibend seine Angewohnheiten auch sein mögen. Er muß wissen, daß Sie ihm aufmerksam und genau zuhören und daß Sie seinen Worten und Taten Wert beimessen.

Männer wollen bewundert werden

Männer tun beinahe alles, um von anderen bewundert zu werden. Sie halten buchstäblich nach jemandem Ausschau, der sie liebt und bewundert – und Sie können dieser Jemand für Ihren Mann werden, indem Sie ihm zeigen, daß Sie sich für ihn interessieren, daß Sie wissen möchten, warum er eine bestimmte Entscheidung trifft oder einen bestimmten Weg einschlägt.

Nutzen Sie die vielfältigen Möglichkeiten, aufrichtige Bewunderung auszudrücken. Wenn er niedergeschlagen ist, reagieren Sie nicht mit Widerwillen. Bewahren Sie sich Ihre Achtung für ihn, wenn Sie ihn ruhig und sanft trösten. Wenn Sie seine Gefühle verletzt haben, geben Sie zu, daß Sie im Unrecht waren, und bitten Sie ihn um Vergebung. Wenn er Ihnen einen Vorschlag macht, der Ihnen nicht richtig erscheint, gehen Sie nicht gleich in die Luft. Er braucht das Vertrauen und die Gewißheit, daß Sie auf seine Vorschläge nicht negativ reagieren. Verhalten Sie sich so, daß er Ihnen das gleiche Vertrauen schenken kann, das Sie zu dem Stuhl, auf dem Sie sitzen, haben – ein Vertrauen, das ihm ermöglicht, bei Ihnen auszuruhen und zu entspannen.

Männer wollen verstanden und angenommen werden

Sie können es nicht verbergen. Ihr Mann spürt es sofort. Ich meine diesen subtilen Gedanken, den Sie wahrscheinlich seit Ihrer Hochzeit hegen: „Eines Tages werde ich ihn ändern!“ Es tut mir leid, aber mit dieser Einstellung werden Sie das wahrscheinlich nicht schaffen.

Zeigen Sie ihm, daß Sie ihn annehmen und verstehen, so wie er ist. Ich will damit nicht sagen, daß Sie sein kränkendes Verhalten ohne Hoffnung auf Besserung hinnehmen sollen. Bejahen Sie nur die Tatsache, daß Ihrem Mann – auf phantasievolle Weise – gezeigt werden muß, wie er auf Ihre Bedürfnisse eingehen soll. Vergessen Sie nicht, Sie sind *dabei*, ihn zu lehren, und er ist *dabei*, zu lernen. Wenn Sie also im selben Zug sitzen, sollten Sie nicht von ihm erwarten, daß er schneller am Ziel ist als Sie.

Männer wollen wissen, daß ihr Rat wertvoll ist

Wenn Sie bei den folgenden Möglichkeiten auf der „rechten Seite" bleiben, werden Sie Ihrem Mann ganz sicher beweisen, daß sein Rat etwas zählt.

Sie verachten seinen Rat, wenn Sie . . .	*Sie achten seinen Rat, wenn Sie . . .*
Zeitung lesen oder nähen, während er spricht.	alle anderen Tätigkeiten unterlassen, während er spricht.
mit den Augen rollen.	ihn aufmerksam anblicken.
gähnen.	auf positive oder hilfreiche Aspekte seines Rates eingehen.
kritisieren, ehe Sie ihn zu Ende angehört haben.	ihn ausreden lassen.
das letzte Wort haben wollen.	ihm dafür danken, daß er sich die Zeit genommen hat, seinen Rat zu erläutern.

Männer wollen anerkannt werden

Wahrscheinlich denkt Ihr Mann, daß sein größter Beitrag für die Familie in der finanziellen Versorgung besteht. Der beste Weg, ihm Ihre Anerkennung zu zeigen, ist folglich, ihm für seine Gewissenhaftigkeit und Zuverlässigkeit in diesem Bereich regelmäßig zu danken. Selbst wenn Sie einen Teil zur Familienkasse beisteuern, ist es überaus wichtig, daß Sie ihm zeigen, wie dankbar Sie ihm für seinen Beitrag sind.

Neben der finanziellen Unterstützung zeigt sich die Fürsorge Ihres Mannes in vielen „Kleinigkeiten". Vielleicht kümmert er sich um Ihr Auto, oder er leert zweimal die Woche den Mülleimer. Rufen Sie sich all die kleinen Dinge ins Gedächtnis, die er für Sie tut, um Ihnen Zeit und Mühe zu ersparen. Danken Sie ihm dann so oft wie möglich dafür. Wenn er das Gefühl hat, daß er für die „großen und kleinen" Bedürfnisse seiner Familie sorgt, wächst seine Selbstachtung. Wenn seine Frau ihn anerkennt, wird er für sie eine viel tiefere Liebe empfinden.

Erklären Sie Ihre individuellen Bedürfnisse und Wünsche

Machen Sie sich eine Liste der Bedürfnisse und Wünsche, die Ihr Mann erfüllen sollte. Teilen Sie sie in vier Kategorien ein: emotionale, physische, geistliche und geistige Bedürfnisse. Es kann sein, daß Sie in einem Bereich eine Fülle von Bedürfnissen haben, während Ihnen in einem anderen mit Müh und Not ein einziges einfällt. Aber ergründen Sie Ihre Gefühle, bis Sie glauben, die Liste ist vollständig. Beschränken Sie sich dann auf die wirklich wichtigen Bedürfnisse, damit die Liste nicht zu überwältigend erscheint.

Sprechen Sie dann mit Ihrem Mann über alle Bedürfnisse auf dieser Liste, aber bei jeder Gelegenheit nur über jeweils eines. Ihr Mann hat vielleicht Schwierigkeiten, die Wichtigkeit einiger Ihrer Bedürfnisse einzusehen, dann müssen Sie mit ihm über die Unterschiede zwischen Männern und Frauen hinsichtlich der Sensibilität sprechen. Achten Sie aber darauf, daß Sie dabei die richtige Einstellung haben. Wenn Sie ihn um sein Verständnis bitten, sollten Sie Selbstmitleid, Eifersucht oder Jammern vermeiden. Dadurch wird jeder abgestoßen, besonders aber Ihr Ehemann.

Schließlich sollten Sie das Salzprinzip anwenden, wo immer es sich anbietet. Halten Sie Ausschau nach kreativen Möglichkeiten und den richtigen Zeitpunkten, um Ihre Bedürfnisse mitzuteilen. Zum Beispiel werden Sie vielleicht Ihrem Mann einen Brief schreiben wollen, in dem Sie ihm einige Ihrer tiefsten Sehnsüchte erklären. Achten Sie darauf, daß Sie dabei nicht Fehler von seiner Seite andeuten oder anprangern; erklären Sie nur, wie Sie sich fühlen. Lassen Sie ihn den Brief alleine lesen, wenn er das will. Sorgen Sie dafür, daß er ihn in einer ruhigen und entspannten Atmosphäre lesen kann.

Die falsche Methode

Eine Frau sagte mir, sie sei äußerst mutlos, weil ihr Mann so wenig Interesse an ihr zeige. Für seine Arbeit, seine Freunde und seine Hobbys habe er ungeheuer viel Engagement und Interesse, aber für sie und die Kinder fast gar keine. Sie beschrieb lang und breit, wie sehr sie sich bemüht hatte, ihn zu ändern. Nichts schien zu helfen. Als ich dann mit ihrem Mann darüber sprach, fand ich heraus, daß sie ihm ständig sein Versagen als Ehemann vorgehalten hatte. Er sagte, sie scheine immer den unpassendsten Augenblick zu wählen, um über ihre Probleme zu sprechen – „Wenn ich gerade einmal meine Ruhe haben wollte."

Das Schlimmste war, daß sie gleichzeitig als Richter, Staatsanwalt und Geschworene auftrat. Wenn er nach Hause kam, wenn er gerade ins Bett gehen wollte, fast immer wenn er einmal „abschalten" wollte, fing sie an, anzuklagen und zu verurteilen.

Allmählich erkannte ich, daß sie das hatte, was ich einen „zänkischen Geist" nenne, einen Geist, der immer für die Durchsetzung des eigenen Willens streitet. Sie trieb ihn ständig in die Enge mit ihren Versuchen, ihm ihren Standpunkt klarzumachen. Schon die Bibel beschreibt, wie eine zänkische Frau wirkt. Sie trocknet einen Mann aus, wie die sengende Wüstenglut; sie treibt ihn in einen Winkel auf dem Dach; sie ist wie ständiger Regen, der auf ihn heruntertropft (Sprüche 21,19; 25,24; 27,15).

Welch treffende Vergleiche! Die Angewohnheiten dieser Frau waren so störend wie ein ständiges Tropfen eines undichten Wasserhahns. Ihre Streitsucht war wie die Sonne, die auf einen Wanderer in der Wüste herniederbrennt. Wie ihr Mann sich auch drehte und wendete, er konnte nicht entkommen. Er fand keine Oase der Ruhe, weil sie ihn ständig an sein Versagen erinnerte. Ihr Verhalten hatte ihn letztendlich in einen Winkel auf dem Dach getrieben, weil er nirgendwo sonst hingehen konnte.

Wollen Sie wissen, was ihn dazu brachte, eilends vom Dach herunterzusteigen? Seine Frau wurde ihren zänkischen Geist los. Daraufhin vollzog sich bei ihrem Mann eine wundersame Wandlung. Heute beschreibt sie ihn als einen viel liebevolleren Mann, der ihre Bedürfnisse erfüllt, wie sie es in ihren kühnsten Träumen nicht für möglich gehalten hätte.

Ihre Gefühle und Bedürfnisse zu erklären, ist nicht dasselbe wie Beschwerden vorzubringen. Ein Ehepaar, das sich ständig zankte, beschloß, eine ganze Woche lang keine Kritik laut werden zu lassen. Anstatt zu streiten, wenn einem von beiden irgend etwas nicht paßte, schrieben sie es auf. Jedesmal, wenn der eine sich über etwas beim anderen geärgert hatte, notierte er es auf einen Zettel. Jeden dieser „Beschwerdezettel" steckten sie in eine von zwei Schachteln, auf der einen stand „er", auf der anderen „sie". Am Ende der Woche wollten sie die Schachteln öffnen. Er würde ihre „Beschwerden" lesen, und sie seine.

Schließlich war es Samstagabend. Er öffnete als erster die Schachtel und begann, die vielen kleinen Notizen nacheinander zu lesen. In seinen Augen spiegelten sich der Schmerz und die Enttäuschung über sich selbst, als er ihre Klagen las. „Seit einem halben Jahr versprichst du, die Tür zu reparieren, und hast es immer noch nicht getan." „Nie tust du deine Socken zur schmutzigen Wäsche." „Ich bin es leid, immer hinter dir herräumen zu müssen." Er war aufrichtig bekümmert über all die Dinge, mit denen er seine Frau verletzt hatte.

Dann kam sie an die Reihe. Sie öffnete ihre Schachtel und zog den ersten Zettel heraus. Sie las ihn mit einem Kloß in der Kehle. Der nächste Zettel ließ ihr die Tränen in die Augen steigen. Sie nahm drei weitere Zettel, überflog sie und begann zu weinen. Auf jedem Zettel in der Schachtel stand: „Ich liebe dich", „Ich liebe dich", „Ich liebe dich".

Vielleicht sind Sie wie viele Frauen dem Trugschluß erlegen, daß Ihre Klagen eines Tages Ihren Mann in den perfekten Ehemann verwandeln würden. Aber das obige Beispiel hat hoffentlich deutlich gemacht, daß bedingungslose Liebe und Zärtlichkeit, und nicht Klagen, einen launischen Gegner in einen liebevollen und demütigen Partner verwandeln können.

Doch es ist wichtig, daß Sie Ihre Gefühle in Worte fassen. Eine Frau rührte das Herz ihres Mannes durch einen kleinen Brief, den sie ihm schrieb. Er veränderte daraufhin tatsächlich seinen Terminplan, um ihr mehr Zeit widmen zu können. In dem Brief hieß es: „An vielen Tagen fühle ich mich wie ein kleiner, glänzender, roter Apfel – einer, der ganz obenauf in der Kiste liegt. Jeden Tag kommst du vorbei und suchst dir einen aus, aber niemals wählst du mich. Deine Hand kommt mir ganz nahe, manchmal hebst du mich sogar hoch, aber jedesmal entscheidest du dich doch für einen anderen. In mir wächst ein kleiner Wurm, und mit jedem Tag werde ich weniger anziehend. Ich sehne mich nach dem Tag, an dem du dich für mich entscheiden wirst."

Zeigen Sie Dankbarkeit, ohne etwas zu erwarten

Kürzlich erhielt ich mit der Post eine Karte von meiner Frau. Sie schrieb, daß sie mich liebe, daß unsere Ehe mit jedem Jahr erfüllter geworden sei und daß sie es sehr schätze, wie ich mich in der letzten Zeit verhalten hatte. Es gab keinerlei Andeutungen verborgener Erwartungen auf der Karte. Sie bat mich um nichts, aber ich wollte daraufhin noch viel mehr für sie tun.

Im Laufe der Jahre hat Normas „Nicht-Fordern" mich dazu inspiriert, meine Phantasie spielen zu lassen, um ihr auf verschiedene Arten meine Liebe zu zeigen. Alles fing mit einigen abgenutzten Möbeln in den ersten Jahren unserer Ehe an.

Norma konnte unsere Möbel – vom Typ Sperrmüll – nicht mehr sehen. Monatelang bat sie mich immer wieder, neue zu kaufen. „Gary, es ist einfach schrecklich. Ich schäme mich richtig, wenn unsere Freunde zu Besuch kommen. Bitte, bitte, können wir nicht neue Möbel kaufen?"

Ich fühlte mich wie ein Sklave ihrer Erwartungen. „Egal was ich tue, sie wird nie zufrieden sein", dachte ich. „Solange sie diese Einstellung hat, werde ich ihr bestimmt keine neuen Möbel kaufen." (Welch eine überhebliche Haltung hatte ich doch damals!)

Eines Tages dämmerte mir etwas. Sie hatte seit über einem Jahr nichts mehr über die Möbel gesagt. Sie hatte nicht einmal die leiseste Andeutung gemacht. Norma hatte in der Tat all ihre Erwartungen dem Herrn übergeben (Ps. 62,1–2). Sie fing an, ihrer inneren Einstellung mehr Aufmerksamkeit zu widmen. Von diesem Moment an war ich bereit, alles für sie zu tun. Ich war so dankbar für ihre „neue" Einstellung, daß ich sie fragte, wieviel Geld *sie* von unserem Konto für neue Möbel abheben wollte. Dann gingen wir zusammen ins Möbelgeschäft und kauften eine Couch, Lampen, Tische, Stühle ...

Normas Klagen hatten nichts erreicht, aber ihre Geduld und ihr Nicht-Fordern hatten alles erreicht. In unserer Familie haben wir festgestellt, daß einige Faktoren hilfreich dazu beitragen, damit sich ein Familienmitglied ändert: Man sollte sagen, welche Veränderung man gerne sehen würde, ohne ein Ultimatum zu setzen; man sollte den kleinsten Ansatz zu einer Veränderung würdigen; man sollte zeigen, daß man den anderen liebt und annimmt, auch ohne daß er sich ändert.

Zum Nachdenken

Lesen Sie 1. Petrus 3,1–6

Schreiben Sie Ihre eigene Definition von Bewunderung nieder. Überlegen Sie sich eine praktische Möglichkeit, in dieser Woche Dankbarkeit zu zeigen. Vgl. auch 1. Thess. 5,18.

10

Was Sie tun können, damit Ihr Mann Sie tröstet und versteht, anstatt Sie zu belehren und zu kritisieren

„Endlich aber seid allesamt gleichgesinnt, mitleidig, brüderlich, barmherzig, demütig. Vergeltet nicht Böses mit Bösem oder Scheltwort mit Scheltwort, sondern dagegen segnet...“
1. Petrus 3,8–9

Es war mitten im tiefsten Winter, und Lois kam sich vor, als sei sie seit Wochen im Haus eingesperrt gewesen. Jetzt war sie zu einem Mittagessen eingeladen worden, und sie stürzte sich auf diese Gelegenheit, einmal unter Leute zu kommen. Sie stieg ins Auto, drehte den Zündschlüssel und mußte zu ihrem Entsetzen feststellen, daß die Batterie leer war. Sie erkannte, daß damit nichts aus ihrem Vorhaben wurde, und suchte in der Handtasche nach dem Hausschlüssel. Plötzlich fiel ihr ein, daß sie die Schlüssel im Haus gelassen hatte. Es war wirklich ein Unglückstag. Sie konnte nicht zu dem Mittagessen gehen, sie konnte nicht ins Haus hinein, ihre Nachbarn waren nicht zu Haus, und es gab in der Nähe kein Telefon. Es blieb ihr nichts anderes übrig, als sich in der eisigen Kälte auf den Weg zum nächsten Telefon zu machen. Unterwegs erkannte ein Student sie und bot ihr an, sie mitzunehmen. Sie beschloß, zu ihrem Mann ins Büro zu gehen. Sie war verzweifelt und deprimiert und brauchte den Trost ihres Mannes.

Auftritt des Ehemanns – wütend und verärgert. Er konnte es einfach nicht glauben, daß sie sich selbst ausgesperrt hatte. Und jetzt besaß sie auch noch die Frechheit, ihn dadurch in Verlegenheit zu bringen, daß sie während der Arbeitszeit in sein Büro kam. Damit das nicht mehr vorkäme, gebrauchte er harte Worte. Natürlich bewirkten seine Worte nur, daß Lois noch verzweifelter wurde und sich noch gekränkter fühlte.

Warum fällt es Männern wesentlich leichter, ihre Frauen zu belehren, als sie zu trösten? Wenn Sie sich in einen Mann hineinversetzen könnten, würden Sie feststellen, daß er, wenn er verwirrt oder verletzt ist, nach einer *logischen Erklärung* für seine Gefühle sucht. Wenn er erst einmal das Problem genau analysiert hat, fühlt er sich meist erleichtert. Daher ist es nur „logisch“, daß er auf Ihre Probleme genauso reagiert. Im Grunde genommen glaubt er, er könne Ihnen Ihr Problem „ausreden“. Aber wenn Ihre Beziehung zu Ihrem Mann gefestigt werden soll, ist es unerläßlich, daß er lernt, wann und wie er Sie trösten soll. Sie brauchen keine Schuldgefühle zu haben, weil Sie das Bedürfnis haben, sich an jemanden „anzulehnen“. Das ist kein Zeichen von Schwäche, wie manche Leute Ihnen das vielleicht einreden wollen. Das gehört ganz einfach zu unserer menschlichen Natur. Wir brauchen alle von Zeit zu Zeit jemanden, an den wir uns anlehnen können.

Ich glaube, Sie können mindestens drei Dinge tun, damit Ihr Mann sich Ihres Bedürfnisses nach zärtlichem Trost bewußter wird.

Reagieren Sie freudig auf jeden Versuch, Sie zu trösten

Der erste Schritt besteht darin, daß Sie auf jeden noch so kleinen Versuch, Sie zu trösten, freudig eingehen. Das nennt man „positive Verstärkung“. Dadurch zeigen Sie ihm, wieviel Ihnen sein Verständnis wert ist. Nun müssen Sie nicht gerade jedesmal in laute Jubelrufe ausbrechen, wenn er Sie tröstet. Denken Sie nur daran, etwas Besonderes für ihn zu tun – vielleicht einen Tag, oder sogar eine Woche später. Das könnte ein besonderes Essen sein, oder eine romantische Nacht, oder auch ein Liebesbrief als Überraschung in seiner Aktenmappe oder Brieftasche. Wenn Sie etwas an seiner Art, Sie zu trösten, besonders gut fanden, betonen Sie das. Was auch immer Sie tun, um ihm Ihre Anerkennung zu zeigen, achten Sie nur darauf, daß er den Zusammenhang zwischen Ihrer Dankbarkeit und seinem Trösten erkennt. Übrigens ist es für ihn ebenso wichtig, das Trösten zu lernen, wie für Sie, getröstet zu werden. Es ist wichtig für sein persönliches Wohlbefinden und seine Freude (Joh. 15,11; Kol. 3,12–15).

Besonders wichtig ist, daß Sie sich niemals über einen Versuch Ihres Mannes, Sie zu trösten, verächtlich oder geringschätzig äußern. Selbst wenn seine Versuche vielleicht unzulänglich sind, sollten Sie, anstatt sein Versagen zu betonen, ihn vielmehr für das Positive in seinem Verhalten loben. (Schon allein der Versuch ist ein Schritt in die richtige Richtung!) Versuchen Sie nie, seinen Trost zu erhalten, indem Sie ihn dafür kritisieren, daß er Sie nicht tröstet.

Stellen Sie sich einmal vor, Ihr Sohn sei gerade ins Krankenhaus gebracht worden. Sie brauchen jemanden, an den Sie sich anlehnen können. Ihre Angst ist so groß, daß Sie es kaum noch ertragen können, aber Ihr Mann steht einfach nur da. Sie denken bei sich: „Warum nimmst du mich nicht in die Arme und tröstest mich?“ Und so platzen Sie damit heraus: „Steh doch nicht so da. Komm her und nimm mich in die Arme!“ Nun haben Sie ihn auf sein Versäumnis aufmerksam gemacht, und dadurch der Angst und Sorge, die er um Ihren Sohn hat, noch etwas hinzugefügt. Als natürliche Reaktion darauf wird er nun noch ablehnender werden.

Die Menschen reagieren viel eher auf positive Verstärkung als auf Kritik oder Spott. Daher ist es für Ihre Beziehung so wichtig, daß Sie Ihren Mann loben, wenn er versucht, Sie zu trösten. Doch das ist nur der erste Schritt; Sie können noch mehr tun, um ihn zu motivieren, Ihnen mit Trost zur Seite zu stehen.

Gehen Sie ihm mit gutem Beispiel voran

Der Ausgangspunkt des zweiten Schrittes ist ein Grundsatz, der im vorigen Kapitel besprochen wurde – man erntet, was man gesät hat. Eine der besten Möglichkeiten, Ihrem Mann zu zeigen, wie er Sie trösten soll, besteht darin, herauszufinden, wie er behandelt werden möchte, wenn er niedergeschlagen ist. Gehen Sie ihm mit gutem Beispiel voran. Wenn Sie merken, daß er Sorgen hat oder unsicher ist, fragen Sie ihn nach seinen Gefühlen. Sagen Sie ihm, daß Sie ihn verstehen. Wenn er daraufhin nur sagt: „Behandle mich nicht wie ein kleines Kind!“, dann versuchen Sie es anders. Vielleicht kommt er sich unmännlich oder kindisch vor, wenn Sie ihn in die Arme nehmen und trösten. In diesem Fall können Sie ihn durch Ihre Worte und Ihre Miene trösten. Wenn Sie lernen, wie Sie ihn so trösten können, wie er es braucht, wird er seine ablehnende Haltung aufgeben.

Für manche Männer bedeutet Trost, daß man sich in einer Auseinandersetzung auf ihre Seite stellt. Als John im College war, löste seine Braut die Verlobung, weil sie einen seiner besten Freunde heiraten wollte. Johns einziger Trost kam von Ted, mit dem er das Zimmer teilte. Er sagte mit großer Anteilnahme: „John, ich weiß nicht, was los ist, aber ich weiß, daß du Kummer hast. Wenn du darüber sprechen willst, oder wenn ich dir irgendwie helfen kann, dann sag es mir. Wenn du nicht darüber sprechen und allein sein willst, dann warte ich nebenan, bis es dir etwas besser geht."

John war gerührt von Teds Anteilnahme und erzählte ihm, daß seine Exverlobte einen seiner Freunde heiraten wollte. „Ich muß jetzt einfach allein sein", sagte er.

Als Ted ins Nebenzimmer ging, hörte John ihn zu seiner Freundin sagen: „Deine beste Freundin Sue hat sich gerade mit einem anderen Typ verlobt. Wie findest du das?«

Das war genau der Trost, den John brauchte. Sein Freund verstand wirklich, wie er sich fühlte. Versuchen Sie herauszufinden, wie Sie in jeder Situation Ihren Mann am sinnvollsten trösten können.

Sagen Sie ihm, wie Sie getröstet werden möchten

Der dritte Schritt besteht darin, daß Sie ihn lehren, wie Sie, als Frau, getröstet werden möchten. Sie dürfen nicht vergessen, daß er von Natur aus dazu neigt, Ihre Probleme „logisch" anzugehen, so daß sie in Zukunft vermieden werden können. In „Endecke deine Frau" wird dieses Thema ausführlich behandelt, aber höchstwahrscheinlich sind Sie trotzdem sein wichtigster Lehrer. Schließlich soll er ja lernen, *Sie* zu trösten.

Vielleicht erinnern Sie sich noch an die Geschichte von der Frau, die jedesmal eine Belehrung bekam, wenn sie Trost gebraucht hätte. Sie mußte ihren Mann vier oder fünf Mal erinnern: „Versuch nicht, mir zu erklären, warum es geschehen ist. Nimm mich einfach in die Arme." Zu guter Letzt hat er es verstanden. Wenn sie nicht so beharrlich gewesen wäre, hätte er es nie gelernt, sie zu trösten. (Zur Ermutigung: Sie waren 9 Jahre verheiratet, als sie anfing, ihm zu zeigen, wie er sie trösten soll. Aber er hat es in nur wenigen Wochen gelernt.)

Eine Frau, die ihren Mann verlassen hatte, sagte: „Ich kann nicht einmal den Gedanken ertragen, dorthin zurückzukehren. Er verletzt mich auf so viele Arten, und dann tröstet er mich nie, wenn ich es brauche. Ich kann einfach nicht zurückgehen." Ich fragte sie, ob sie bereit sei, ihren Mann zu lehren, wie er sie trösten soll. Sie sah mich komisch an und fragte: „Was meinen Sie damit, ihn lehren?"

„Wenn Sie unter Druck stehen oder mutlos sind, wie wollen Sie dann von ihm behandelt werden?"

„Ich möchte, daß er mich in seine Arme nimmt und mich festhält. Ich möchte, daß er mir sagt, daß er mich versteht oder es zumindest versucht."

„Nun, warum erklären Sie ihm das nicht?"

„Sie scherzen wohl! Er würde glauben, ich sei verrückt geworden. Und außerdem, warum soll ich es ihm beibringen? Er sollte von selbst darauf kommen. Ich käme mir dumm vor, wenn ich ihm so etwas sagen sollte."

Ich änderte meine Taktik ein wenig. „Hat er je etwas zu Ihnen gesagt wie: ‚Liebling, ich weiß nicht, was du von mir erwartest, wenn du niedergeschlagen bist. Soll ich weinen, soll ich dich küssen, oder . . .?'"

Ihre Miene hellte sich auf, und sie sagte: „Ja, er hat unzählige Male gesagt, daß er nicht wüßte, was er tun soll, wie er sich verhalten soll oder was er sagen soll. Ich kann mich sogar daran erinnern, daß er einmal sagte: ‚Sag mir doch, was ich tun soll.' Aber ich dachte immer, das wären nur sarkastische Bemerkungen, und ich war gekränkt, weil er nicht von selbst darauf gekommen ist. Ich dachte, wenn ich es ihm erst sagen muß, würde es überhaupt nichts mehr für mich bedeuten. Glauben Sie wirklich, daß manche Männer diese kleinen Dinge erst lernen müssen, z. B., eine Frau zärtlich zu umarmen?"

Natürlich war meine Antwort: „Ja." Viele Männer können keine zärtlichen Worte sagen und keinen mitfühlenden Trost spenden, weil sie es nie gelernt haben. Auch verstehen sie einfach nicht, welche positive Wirkung das auf ihre Frau hätte, und wie wohl sie sich dann selbst fühlen würden. Wenn ein Mann einmal gelernt hat, warum und wie er trösten soll, wird er auch die Rolle, die das für seine Ehe spielt, viel besser würdigen können.

Während des größten Teils unserer Ehe konnte meine Frau von mir keinen Trost erwarten, wenn sie einen Fehler gemacht hatte. Meistens lachte ich sie aus, oder ich wurde wütend. Doch schließlich begann sie, mir ihr Bedürfnis nach Mitgefühl, Anteilnahme und Verständnis mitzuteilen. Als ich gerade anfing, zu verstehen, worum es ihr eigentlich ging, wurde mein neu erworbenes Wissen einer Härteprüfung unterzogen.

Als ich an einem Samstag nach Hause kam, sah ich, daß mein

Campingbus vor der Garage geparkt war – an sich nichts Ungewöhnliches. Unglücklicherweise lag aber ein großer Teil des Garagendachs neben ihm auf dem Boden. Wie die meisten Männer dachte ich sofort ans Geld. Was würde es kosten, das zu reparieren? Mir war danach, ins Haus zu laufen und meine Frau wegen ihrer Unachtsamkeit mit heftigen Vorwürfen zu überschütten.

Als all diese Gedanken mir durch den Kopf schossen, erinnerte ich mich daran, daß sie viele Male gesagt hatte, wie sie in kritischen Situationen behandelt werden wollte. Ich ging zu ihr, legte lächelnd den Arm um sie und rang mir die Worte ab: „Du fühlst dich sicher nicht gut. Laß uns ins Haus gehen und darüber sprechen."

Ich hielt sie dann einige Zeit in meinen Armen, ohne ein Wort zu sagen. Sie gestand mir, sie hätte vor meiner Reaktion so viel Angst gehabt wie bei dem Unfall selbst.

„Ist schon gut, Liebling", sagte ich. „Das bringen wir schon wieder in Ordnung. Mach dir keine Sorgen." Je länger ich sie im Arm hielt und je mehr ich sie tröstete, desto besser fühlten *wir* uns.

Als wir hinausgingen, um den Schaden zu inspizieren, stellte ich fest, daß es gar nicht so schlimm war, wie es auf den ersten Blick ausgesehen hatte. Das Dach war nicht zersplittert; das Stück, das auf dem Boden lag, war säuberlich abgetrennt, wie ein Teil von einem Puzzlespiel. Alles was wir brauchten, waren einige Nägel und etwas Farbe. In ein paar Minuten kam ein Freund, der von dem Unfall gehört hatte, und brachte sein Werkzeug mit. In einer Stunde hatten wir alles vollständig repariert.

Als wir fertig waren, dachte ich: „Vor einigen Stunden hätte ich meine Frau sehr kränken können, unsere Beziehung belasten und sie als Idiotin hinstellen können – und das alles wegen einer Stunde Arbeit."

Obwohl ich gedacht hatte, daß nur Norma meine verständnisvolle Haltung zugute kommen würde, habe ich auf lange Sicht den größten Nutzen davon gehabt. Durch die größere Bewunderung und Achtung, die sie mir entgegenbrachte, wurde ich noch mehr angespornt, sie zu trösten. Wenn Sie Ihrem Mann zu verstehen geben, daß Sie ihm für seinen Trost tiefe Bewunderung entgegenbringen, wird auch er Sie noch mehr trösten wollen.

Zum Nachdenken

Überlegen Sie sich mindestens drei potentielle kritische Situationen, in denen Sie Trost brauchen würden. Diskutieren Sie diese dann mit Ihrem Mann und erklären Sie ihm genau, was Sie in jeder Situation brauchen würden.

11

Was Sie tun können, damit Ihr Mann Ihre Korrektur annimmt, ohne eine Defensivhaltung einzunehmen

„Ihres Mannes Herz darf sich auf sie verlassen, und Nahrung wird ihm nicht mangeln." Sprüche 31,11

„Du beachtest diesen dummen Hund mehr als mich", schrie Sheila ihren Mann an. Wie kann ein erwachsener Mann einen Hund mehr lieben als seine Frau?" Seit Jahren war die Bitterkeit in ihr gewachsen, seit Bill sich angewöhnt hatte, mit Peppy zu spielen, ehe er sie überhaupt begrüßte. Schließlich verlor sie vor lauter Wut und Schmerz die Selbstbeherrschung. Bill reagierte mit noch größerer Wut, und so kam es wieder einmal zum Streit.

In diesem Kapitel erfahren Sie, wie Sheila ihren Vorwurf hätte vorbringen können, um das gewünschte Ergebnis zu erzielen. Studieren Sie die folgenden sieben Gedanken und lernen Sie, wie Sie Ihren Mann motivieren können, *Korrektur anzunehmen*, ohne einen Streit anzufangen oder sich zu verteidigen. Dann probieren Sie es aus. Sie werden eine angenehme Überraschung erleben.

Die „Sandwich-Methode"

Verpacken Sie immer Ihre Korrektur in zwei lobende Äußerungen. Wenn Ihr Mann sich beispielsweise darüber beschwert, daß Sie zuviel Geld für Kinderkleidung ausgegeben hätten, wenden Sie die „Sandwich-Methode" an. Zuerst das Brot . . .: „Liebling, ich bin wirklich dankbar dafür, daß du so hart arbeitest, damit wir uns so viele hübsche Sachen kaufen können. Ich weiß, wie sehr du uns liebst."

Dann die Wurst (Ihre Korrektur): „Manchmal habe ich das Gefühl, du denkst, ich würde leichtfertig mit dem Geld umgehen und mehr kaufen, als die Kinder in Wirklichkeit brauchen. Ich möchte, daß du weißt, daß ich mich wirklich bemühe, sparsam zu sein, und daß ich nur kaufe, was sie meiner Meinung nach brauchen." Und dann die zweite Scheibe Brot: Aber vor allem sollst du wissen, daß wir dankbar sind, daß du durch deine Arbeit das alles ermöglichst. Die Kinder und ich haben darüber gesprochen, was für ein wunderbarer Vater und Ehemann du bist ..."

Für gewöhnlich begann der Apostel Paulus seine Briefe mit einem Lob, ehe er seine Ermahnungen einschob. Den Brief an die Philipper beginnt er mit den Worten: „Ich danke meinem Gott, sooft ich euer gedenke" (Phil. 1,3).

Selbst Menschen, die sich immer gleich verteidigen, sind empfänglicher für Korrektur, wenn sie *in freundliche Worte eingebettet ist.*

Obwohl es zu seinen Aufgaben gehörte, hatte ein Polizist immer Angst, zu schnell fahrende Autofahrer anzuhalten, weil er jedesmal auf Feindseligkeit stieß. Er war darüber unglücklich, bis ein älterer Kollege ihm sein Geheimnis verriet: „Jedesmal, wenn ich jemanden anhalte, tue ich etwas sehr Wichtiges. Das ist das einzige, was mich vor negativen Reaktionen bewahrt."

Er näherte sich dem Verkehrssünder mit einem Lächeln. Er begrüßte den Fahrer mit einem freundlichen „Guten Morgen" oder „Guten Tag", fragte ihn mit aufrichtigem Interesse: „Wie geht es Ihnen heute?" Meistens erklärte der Autofahrer dann, daß er einen fürchterlichen Tag hinter sich habe. Aber während er dem interessierten Polizisten seine Probleme erzählte, war er entspannt und freundlich. Dann erst bat der Polizist um den Führerschein. Nachdem er den Strafzettel ausgeschrieben hatte, verabschiedete er sich mit freundlichen Worten.

Der jüngere Polizist versuchte es mit dieser Methode und stellte fest, daß sie nur selten versagte. Sie kann auch für Sie und Ihren Mann das Richtige sein. Gehen Sie mit einem Lächeln auf ihn zu. Finden Sie dann heraus, was ihm Sorgen macht. Wenn Sie einmal den „wunden Punkt" entdeckt haben, werden Sie sein aufreizendes Benehmen besser verstehen können und eher in der Lage sein, konstruktive Kritik zu üben. Denken Sie daran, eine linde Antwort stillt den Zorn (Sprüche 15,1). Je sanftmütiger und behutsamer wir sind, desto eher können andere unsere Korrektur annehmen.

Eines sollten Sie bei der „Sandwich-Methode" jedoch beachten. Sie sollten Ihren Mann von Zeit zu Zeit auch loben, ohne gleichzeitig eine Korrektur anzubringen. Sonst wird er die „Sandwiches" nicht mehr verdauen können!

Die „Puzzle-Methode"

Ein Puzzlespiel kann man nicht zusammensetzen, wenn man nicht alle Teile hat, und ein Problem kann man nicht lösen, wenn man nicht alle Fakten hat. (Im Spanischen heißt Puzzle „rompecabezas", was soviel bedeutet wie: „zerbrich dir den Kopf". Und genau das wird Ihr Mann tun, wenn Sie ihm nicht alle Teile geben.)

Je mehr Fakten ich über eine Meinungsverschiedenheit zwischen Norma und mir kenne, desto leichter kann ich eine eindeutige Lösung für unser Problem finden. Wenn ich etwas über ihre Gefühle oder Ansichten erfahre, ist das erst ein Teil des Bildes. Wenn ich es auf den Tisch lege, gibt es mir noch keine Vorstellung von dem fertigen Bild. Also füge ich Teil um Teil hinzu, indem ich Fragen stelle, und langsam nimmt das Bild Konturen an. Gelegentlich versuche ich, die falschen Teile aneinanderzulegen, doch sie macht mich dann darauf aufmerksam. Manchmal versuche ich zu raten, wie das fertige Bild aussehen wird, aber erst, wenn alle Teile zusammengefügt sind, weiß ich es mit Sicherheit. Oft ist das fertige Bild (die Lösung) so einfach, daß wir uns fragen, warum wir nicht gleich darauf gekommen sind.

Ihr Mann kann keine Lösung finden, wenn Sie ihm nur Bruchstükke der Informationen geben und es dann dabei bewenden lassen. Er kann sich auch nicht in allen Fakten zurechtfinden, wenn Sie ihm fünfhundert auf einmal geben. Geben Sie ihm die einzelnen Teile nacheinander, bis er alle Fakten kennt. (Geben Sie ihm einfach die Fakten und lassen Sie ihn seine eigenen Schlußfolgerungen daraus ziehen.) Wenn Sie die Konsequenzen seiner Handlungen nicht in verurteilender Art und Weise herausstellen, werden Sie überrascht sein, wieviel leichter er Ihre Korrektur annehmen kann. Er braucht vielleicht eine Woche, einen Monat, ein halbes Jahr oder mehr Zeit. Die Dauer der Zeit hängt von den einzelnen Problemen ab, von Ihrer Haltung, mit der Sie ihm die einzelnen Teile geben, und auch von der Intensität Ihrer Beziehung. Übrigens ist die „Puzzle-Methode" auch nützlich, wenn persönliche Entscheidungen zu treffen sind, oder wenn Sie Ihren Kindern helfen wollen, richtige Entscheidungen zu treffen. Jedes verschwommene Problem kann man klar erfassen, wenn man sich die Zeit nimmt, alle Fakten zusammenzutragen.

Ersetzen Sie „Du"-Aussagen durch „Ich-fühle"-Aussagen

„Du"-Aussagen beinhalten vielmehr ein Urteil und eine Kritik, als daß sie Ihre Gefühle ausdrücken; sie geben Ihrem Mann die Schuld. Versuchen Sie, „Du" durch „Ich fühle" zu ersetzen.

Erinnern Sie sich an den Anfang des Kapitels, als Sheila Bill vorwarf: „Du beachtest den dummen Hund mehr..." Ihre „Du"-Aussage machte ihren Mann wütend und trieb ihn in die Defensive, so daß sie das Problem gar nicht diskutieren konnten. Hätte sie eine „Ich-fühle"-Aussage benutzt, hätte das ganz anders auf ihn gewirkt.

„Liebling, ich weiß, du tust das nicht absichtlich, aber ich fühle mich so, als ob Peppy dir viel mehr bedeutet als ich. Ich weiß, wie lächerlich das klingt, aber ich wollte dir einfach sagen, was ich fühle."

„Warum fühlst du so?"

„Nun, weil ich das Gefühl habe, daß du mehr Zeit mit Peppy verbringst als mit mir, wenn du von der Arbeit nach Hause kommst. Das scheint vielleicht belanglos zu sein, aber wenn unsere Beziehung wachsen und zu dem werden soll, was wir uns wünschen, dann ist es wichtig, daß ich dir meine Gefühle mitteile."

Wenn das Gespräch noch weiter gegangen wäre, hätte sie eine mögliche Lösung vorschlagen können, aber nur auf seine Frage hin. „Warum kann mein Mann nicht von selbst auf eine Lösung kommen?" fragen Sie vielleicht. Leider würden manche Männer das Problem nicht einmal dann bemerken, wenn sie darüber stolperten. In den meisten Fällen wird Ihr Mann einen sanften Stups brauchen, damit er ein Problem erkennen und lösen kann.

Setzen Sie das Salzprinzip richtig ein

Stellen Sie sich einmal vor, Ihr Mann sei in ein Fußballspiel zwischen den zwei besten Mannschaften des Landes vertieft. Dann machen Sie nur eine Bemerkung, und schon wendet er sich vom Fernseher ab und konzentriert seine ganze Aufmerksamkeit auf Sie. Unmöglich, sagen Sie? Lesen Sie weiter.

Das „Salzprinzip" erregt das Interesse Ihres Mannes für Themen, die er sonst langweilig finden würde. Das Geheimnis liegt in der Darlegung des Themas. Wenn Sie das Salzprinzip richtig anwenden, wird er buchstäblich darauf brennen, zu hören, was Sie ihm zu sagen haben, sei es Lob oder Kritik. Doch müssen Sie Ihre Korrektur solange zurückhalten, bis er so neugierig geworden ist, daß er es kaum noch erwarten kann, sie anzuhören. Die folgende Liste illustriert den geschickten Umgang mit dem Salzprinzip, wenn Sie etwas korrigieren wollen.

Was sich bei ihm ändern soll	*Wie Sie es ihm durch Fragen mitteilen können*
Er ist zu kritisch	„Liebling, was hat dich an deinen Chefs immer am meisten geärgert?“ Wenn er Kritisieren, Nörgeln etc. erwähnt, fragen Sie ihn, wie er sich dann fühlte. Wahrscheinlich wird er sagen: „Es hat mir die ganze Freude an der Arbeit genommen.“ Jetzt ist die Gelegenheit günstig, Ihre Gefühle zu erklären. „Liebling, genauso fühle ich mich, wenn du so kritisch bist. Das nimmt mir die ganze Freude und macht es mir schwer, auf dich einzugehen.“
Er ist zu grob	„Liebling, glaubst du, daß sich unsere Beziehung mit jedem Jahr verbessern kann?“ „Ja, natürlich.“ „Nun, weißt du, wenn wir eine *wichtige* Sache in diesem Jahr in Ordnung bringen könnten, würde unsere Beziehung mit Sicherheit erfüllter werden. Willst du mehr darüber hören?“ Wenn er „Ja“ sagt, können Sie fortfahren: „Liebling, wenn du grob zu mir bist, wenn ich etwas falsch gemacht habe, würde ich

mich am liebsten von dir zurückziehen, besonders wenn ich meine Fehler schon selbst erkannt habe. Ich wünsche mir so, daß du mich in deine Arme nimmst und mich fragst, wie ich mich fühle."
Wenn er sagt, daß er nichts über diese „eine wichtige Sache" hören will, warten Sie und geben Sie noch mehr Salz hinzu, damit sein Interesse und seine Neugier größer werden.

Er ignoriert sie

„Liebling, können wir mal darüber sprechen, wie ich mit einigen Problemen fertig werden kann, die ich oft habe, wenn wir eingeladen sind?" Sagt er „Ja", könnten Sie sagen: „Ich komme mir manchmal ganz einsam vor, während du dich mit anderen Leuten beschäftigst. Ich weiß, daß du dieses Zusammensein mit deinen Freunden brauchst, aber ich fühle mich dann als Außenseiter. Was können wir da machen?"
Sie könnten eine Lösungsmöglichkeit vorschlagen. Zum Beispiel könnten Sie sich vornehmen, daß Sie bei einigen gesellschaftlichen Anlässen mit Ihrem Mann zusammenbleiben und bei anderen sich mit Freunden unterhalten. Oder Sie könnten sich dafür entscheiden, daß Sie bei jeder Einladung einen Teil der Zeit mit Ihrem Mann zusammen sind. Eine weitere Möglichkeit

wäre, ein Zeichen zu verabreden, mit dem Sie Ihrem Mann bei Einladungen signalisieren können, daß Sie mehr mit ihm zusammen sein wollen. Dieses Zeichen könnte so aussehen, daß Sie sich der Gruppe nähern, mit der er gerade spricht, oder daß Sie ihm einen flüchtigen Blick über den Raum hinweg zuwerfen. Solange Ihr Mann sich mit dieser Lösung einverstanden erklärt, brauchen Sie nicht zu befürchten, daß er Sie als „Klette" betrachten könnte. Und wenn Sie alles vorher besprochen haben, werden Sie sich bei der Einladung wohler, sicherer und beteiligter fühlen.

Gehen Sie mit gutem Beispiel voran und nehmen Sie seine Korrektur freudig an

Seine Kritik zu verstehen und anzunehmen ist nicht nur eine weise Entscheidung, es wird auch Ihre Liebe zu ihm wachsen lassen, wie es in Sprüche 9,8 heißt. Wenn Ihr Mann einen Fehler bei Ihnen findet, dann verschanzen Sie sich nicht hinter einem Gegenangriff. Machen Sie es ihm vor, wie man Kritik annehmen kann, ohne eine Defensivhaltung einzunehmen. Geben Sie zu, daß seine Kritik ein Körnchen Wahrheit enthält, wie klein es auch sein mag. Überdenken Sie seine Kritik noch einmal, wenn Sie allein sind, und versuchen Sie, die begründeten Kritikpunkte anzunehmen. Als nächstes gehen Sie dann die notwendigen Veränderungen an. Das ist der beste Weg zu seinem Herzen. Nichts wirkt bei einem „perfekten" Ehemann schneller als die Nachgiebigkeit seiner Frau.

Wenn Sie wollen, daß er bereitwillig Korrektur annimmt, dann *suchen* Sie aktiv seine konstruktive Kritik. Wenn Sie spüren, daß er wegen irgend etwas beunruhigt ist, bitten Sie ihn, Ihnen alles zu erzählen. Bringen Sie ihn dazu, daß er Ihnen sagt, womit Sie ihn verärgert haben. Wenn Sie sehen, daß er zwischen sich und Ihnen eine Barriere aufrichtet, warten Sie nicht darauf, daß er von selbst eine Erklärung gibt. *Suchen* Sie bereitwillig seine Korrektur. Nur die Weisen suchen Zurechtweisung und sie werden Ehre erben (Sprüche 3,35). Wir ernten, was wir gesät haben.

Sorgen Sie dafür, daß offene Kommunikation möglich bleibt

Reißen Sie die Barrieren nieder, die durch Ihr kränkendes Verhalten aufgebaut wurden, indem Sie Ihren Mann aufrichtig um Vergebung bitten. Liefern Sie ihm keine Entschuldigung dafür, Gesprächen auszuweichen, indem Sie Probleme nicht bereinigen. Sie müssen jede einzelne von Ihnen verursachte Kränkung in Ordnung bringen, wenn Sie wollen, daß Ihr Mann künftig Ihre Korrektur annimmt. Machen Sie Gebrauch von Ihrer Sensibilität, um tiefliegenderen Problemen auf den Grund zu gehen, damit Ihre Korrektur nicht an unsichtbaren Mauern abprallt.

Erklären Sie ihm, warum Sie ihn korrigieren wollen

Ich bin oft erstaunt über die Voraussicht, Einsicht, Auffassungsgabe und Sensibilität meiner Frau – sie sieht die Konsequenzen meiner Handlungen, lange bevor ich sie überhaupt ausführe. Wie die meisten Frauen erfaßt sie die geringfügigsten Auswirkungen, die meine Entscheidungen auf unser Heim und unsere Familie haben. Ich halte es für ihre *Verantwortung*, mir ihre Beobachtungen mitzuteilen. Sie sind von unschätzbarem Wert. Wenn Sie Ihre außerordentliche weibliche Einsicht Ihrem Mann mitteilen, geben Sie ihm damit einen besonderen Steuerungsmechanismus in die Hand, der Ihre ganze Familie auf dem rechten Kurs halten kann. Sie haben vielleicht nicht alle Antworten, und Sie mögen auch nicht immer recht haben, aber trotzdem ist Ihre Einsicht für Ihren Mann eine unbezahlbare Informationsquelle. Erklären Sie ihm taktvoll, daß Sie ihm helfen wollen, die bestmöglichen Entscheidungen zu treffen. Sagen Sie ihm, daß Sie manchmal andere Gesichtspunkte an einem

Problem wahrnehmen, die für ihn von Interesse sein könnten. Wenn Sie ihm Ihre Einsichten auf diese Weise mitteilen, wird er sie nicht als Besserwisser einstufen und sich bedroht fühlen.

Zum Nachdenken

Lesen Sie einige Kapitel der Sprüche und achten Sie darauf, wie oft die Bibel uns ermutigt, die Korrektur von anderen zu suchen, und aus welchem Grund wir das tun sollen.

12

Was Sie tun können, damit Ihr Mann Sie schätzt und lobt

„Ihre Söhne stehen auf und preisen sie, ihr Mann lobt sie.“
Sprüche 31,28

„Hallo Schatz! Ich will dir nur sagen, daß ich dich liebe und vermisse. Komm schnell zu mir zurück!“

John faltete lächelnd den Zettel zusammen und legte ihn zurück in seine Brieftasche. In den zehn Jahren seiner Ehe ist er viel unterwegs gewesen. Meist fühlt er sich niedergeschlagen und einsam, wenn er in sein Hotel kommt. Doch im Laufe der Zeit hat seine Frau diese Zeiten der Trennung für ihn viel angenehmer gemacht, indem sie Karten, Briefe oder sogar Süßigkeiten in seinem Koffer versteckt.

„Jedesmal, wenn ich eine Überraschung finde, wird mir's ganz warm ums Herz“, sagt er, „weil ich dadurch an ihre Liebe erinnert werde. Ich fühle mich dann wirklich besser, obwohl ich sie immer noch vermisse.“

Während der letzten Geschäftsreise hatte John einen ihrer Briefe in seiner Brieftasche. Immer wenn er niedergeschlagen war, nahm er ihn heraus und las ihn noch einmal durch. Der Brief erinnerte ihn immer wieder, wie sehr sie ihn liebte und schätzte.

Johns Frau gewann seine Wertschätzung und sein Lob, indem sie ihm freimütig zeigte, wieviel wert er ihr war. Nach meiner Erfahrung hungert jeder Mensch geradezu nach Lob und Anerkennung. In all den Jahren als Eheberater habe ich noch nie gehört, daß eine Frau sich über zu viel Lob von ihrem Mann beklagt hätte.

Das Gegenteil habe ich oft gehört. „Mein Mann ist immer so kritisch. Wenn er nur anerkennen würde, was ich tue.“ Obwohl viele Frauen vielleicht glauben, es gebe in einem solchen Fall keine Hoffnung, weiß ich doch ganz sicher, daß ein Mann es lernen kann, seine Frau zu loben. Es gibt zwei Arten, wie eine Frau vorgehen kann, damit ihr Mann sie mehr schätzt und seine Wertschätzung auch besser zum Ausdruck bringen kann.

Zeigen Sie Ihrem Mann Ihre Anerkennung

Wie schon gesagt, Männer hungern nach der Anerkennung anderer Menschen. Sie nehmen mit Freuden die Anerkennung entgegen, die ihnen von Sekretärinnen, Vorgesetzten, Angestellten, Freunden oder sonstigen Personen entgegengebracht wird. Ein Mann braucht Bewunderung so sehr, wie Sie Sicherheit im finanziellen oder familiären Bereich brauchen. Wenn ein Mann weiß, daß seine Frau ihn anerkennt, ist er gerne mit ihr zusammen. Als Reaktion auf ihre Anerkennung wird er ihr spontane Komplimente machen.

Anstatt Anerkennung von Ihrem Mann zu fordern oder in Tränen auszubrechen, wenn Sie keine Anerkennung von ihm bekommen, sollten Sie die folgenden Vorschläge ausprobieren.

Die „direkte" Methode

Die „direkte" Methode ist eine Möglichkeit, Anerkennung zu zeigen: Drücken Sie Ihre Wertschätzung für Ihren Mann mit Worten, durch Briefe oder Karten aus.

Vor mir liegen zwei Karten, die Norma mir letzten Monat geschrieben hat. Früher hätte ich sie gelesen und gedacht: „Wie nett!" ehe ich sie in den nächsten Papierkorb geworfen hätte. Aber je mehr Karten oder Briefe ich von Norma bekomme, um so mehr liegt mir daran, ihr „schriftliches Lob" zu erwidern. Wenn ich jetzt einen Brief von ihr bekomme, bewahre ich ihn meistens auf, damit ich ihn mehrmals lesen kann.

Wenn Sie auf einer Karte besondere Eigenschaften an mir lobt, bringt mich das dazu, daß ich über ihre lobenswerten Eigenschaften nachdenke und mich bei ihr mit einer Karte revanchiere.

Obwohl alle Männer Anerkennung brauchen, mögen nicht alle Männer dieselbe *Form* der Anerkennung. Vermeiden Sie Formen, die Ihr Mann für überspannt oder sentimental halten könnte. Wenn Sie verschiedene Möglichkeiten ausprobieren, werden Sie sehr schnell unterscheiden können, was Ihren Mann ermutigt und was ihn in Verlegenheit bringt.

Ich denke da an eine Studentin, die eine Gruppe angeheuert hatte, ihrem Verlobten am Valentinstag ein Ständchen zu bringen. Sie erwartete von ihm eine überschwengliche Reaktion auf diese Überraschung, aber er erwähnte sie mit keinem Wort.

„Jim, wie hat dir denn dein Valentinstagslied gefallen?“ fragte sie ihn schließlich.

„Ach ja“, sagte er. „Ich hab’s gehört, aber ich verstehe nicht ganz, was das sollte. Es war ziemlich verwirrend für mich.“

Seine Antwort verletzte und verwirrte sie. Sie fragte sich ernstlich, ob ihm überhaupt etwas an ihr liege.

Dieses treffende Beispiel macht etwas deutlich, von dem ich hoffe, daß es jede Frau lange nach der Lektüre dieses Buches in Erinnerung behalten wird: Männer denken anders als Frauen.

Die folgende Anregung soll Ihnen helfen, zu lernen, wie Sie Ihrem Mann ihre Anerkennung zeigen können. Überlegen Sie sich zehn Dinge, die Sie an ihm bewundern, und mit welchen direkten und kreativen Möglichkeiten Sie ihm in Zukunft Ihre Anerkennung dafür zeigen können. Vielleicht sagen Sie es ihm persönlich, oder Sie schreiben es in einem Brief, den Sie dort hinlegen, wo er ihn auch bestimmt findet. Wofür Sie sich auch entscheiden, sagen Sie ihm mit Ihren eigenen Worten: „Liebling, ich schätze dich für das, was du tust, und für das, was du bist.“ Vergessen Sie nicht, wir können jemanden schätzen, selbst wenn er uns manchmal auf die Nerven geht.

Die „indirekte“ Methode

Die „indirekte“ Methode ist eine andere Möglichkeit, Ihrem Mann Ihre Anerkennung zu zeigen. Ehepaare haben davon schon lange Gebrauch gemacht, ehe die Flut von Ehebrüchen den Markt überschwemmte.

Normas Mutter wandte diese Methode schon vor vielen Jahren an. Sie zeigte ihrem Mann auf indirekte Weise ihre Anerkennung, indem sie immer gepflegt war und ihn mit einer aufmunternden Begrüßung empfing, wenn er abends nach Hause kam. Jeden Tag bereitete sie sich auf seine Rückkehr von der Arbeit vor, indem sie badete und frische Kleider anzog. Norma sagt, sie könne sich nicht erinnern, daß ihre Mutter ihren Vater auch nur ein einziges Mal mit Problemen oder Klagen empfangen hätte. Statt dessen ließ sie ihn ausruhen und gab ihm das Gefühl, für sie wichtig zu sein, weil sie sich extra die Zeit und Mühe nahm, einen Teil seines Tages glücklich zu gestalten.

Normas Mutter war eine gute Lehrmeisterin. Ich habe beim Nachhausekommen meine Frau niemals so angetroffen, wie die Ehefrauen meistens in Karikaturen dargestellt werden – in einem alten zerschlissenen Morgenrock, mit den ewigen Lockenwicklern im Haar. Norma sieht immer gut aus und duftet gut.

Ich könnte Tausende verschiedener indirekter Möglichkeiten aufzählen, wie Sie Ihrem Mann Anerkennung zeigen können. Norma kennt eine ganze Menge davon. Um nur einige zu nennen: sie begrüßt meine Vorschläge hinsichtlich ihrer Garderobe; wenn sie mich neuen Bekannten vorstellt, drückt ihre Stimme Bewunderung für mich aus; sie sagt unseren Kindern immer wieder, wie sehr sie mich schätzt.

Ich erinnere mich,daß ich einmal total erschöpft nach Hause kam, und zu müde war, um zu protestieren, als meine Tochter mit ihren klebrigen Fingern auf meinen Schoß kletterte. „Vati, Mutti sagt, du arbeitest so hart, um gut für uns zu sorgen." Mir wurde ganz warm ums Herz, und auf einmal war ich gar nicht mehr so müde. (Ihre Kinder werden Ihren Mann höchstwahrscheinlich erzählen, was „hinter seinem Rücken" über ihn gesagt wird. Ich hoffe für ihn, daß es etwas Gutes ist.)

Loben Sie Ihren Mann gegenüber seinen Freunden und deren Frauen. Denken Sie nur einmal, wieviel Gutes Sie verbreiten können, wenn Sie etwas Positives über Ihren Mann sagen. Welch eine Abwechslung zu den üblichen Beschwerden!

Stellen Sie an dieser Stelle eine lange Liste der indirekten Methoden zusammen, durch die Sie Ihrem Mann ihre Anerkennung beweisen können. Greifen Sie zwei oder drei der besten heraus und wenden Sie sie gleich in der nächsten Woche an.

Drei Arten, wie Sie sich Ihrem Mann entfremden

Frauen entfremden sich oft ihrem Mann, indem sie unbewußt Mißbilligung ausdrücken. Das nachfolgende Beispiel zeigt, wie die Mißbilligung einer Frau einen Keil zwischen sie und ihren Mann trieb.

Joan empfing Frank an der Haustür immer mit guten Ratschlägen für dieses Problem oder jene Entscheidung. Allmählich sah er seiner Heimkehr mit Schrecken entgegen, weil ihm Joan wie ein lauernder Löwe erschien, der gerade zum Sprung auf ihn ansetzte.

Eines Abends, noch ehe er seine Aktentasche hinstellen konnte, stürzte sich Joan auf ihn mit den Worten: „Ich habe gehört, was du zu den Jacksons auf dem Betriebsfest gesagt hast. Ich habe den ganzen Tag darüber nachgedacht."

Frank tat so, als hätte er nichts gehört. Aber ihre schrille Stimme durchbrach seine Abwehr. „Frank, Frank! Du hörst mir nie zu. Ich möchte, daß du die Jacksons auf der Stelle anrufst und sie für nächste Woche zum Abendessen einlädst. Wir müssen uns gut mit ihnen stellen, wenn du es in dieser Firma zu etwas bringen willst."

„Ich kann nicht glauben, daß sie mich für so dumm hält", dachte er. „Warum muß sie mich immer drängen?"

Ein Mann interpretiert das herrische Auftreten seiner Frau oft als mangelnde Anerkennung. „Sie kann mich nicht gerade für sehr fähig halten, in Anbetracht all der guten Ratschläge, die sie mir erteilt."

Zur Verteidigung vieler Frauen muß gesagt werden, daß die passive Natur des typischen Ehemannes eine Frau dazu zwingen kann, die Führung zu „übernehmen". Ich weiß, daß das für eine Frau sehr frustrierend ist. Aber eine natürliche Reaktion bringt nicht immer das gewünschte Ergebnis. Epheser 5,22 könnte man folgendermaßen umschreiben: „Überlassen Sie es Ihrem Mann, für Ihre Bedürfnisse zu sorgen, so wie Sie es Gott erlauben, Sie zu lieben."

Eine andere Art, wie Frauen ihren Männern ihre Mißbilligung zeigen, ist die Mißachtung ihrer Gefühle oder Wünsche. Eine Kunstexpertin beschließt, in aller Stille die erbärmliche Rembrandtreproduktion ihres Mannes verschwinden zu lassen. Eine geschickte Schneiderin kritisiert den „Maßanzug" ihres Mannes, den er im Ausverkauf erstanden hat. Oder ein realistischeres Beispiel, die erfahrene Gärtnerin ignoriert den Wunsch ihres Mannes, eine Kiefer in den Rasen vor das Haus zu pflanzen, und entscheidet sich für einen Ahornbaum.

Wenn Sie genau hinhören, merken Sie, daß Ihr Mann ständig seine Wünsche äußert. In diesem Augenblick murmelt er vielleicht gerade hinter seiner Zeitung etwas über Spaghetti mit Hühnchen in saurer Soße und Kirschgarnierung, wie es seine Mutter zu kochen pflegte. Greifen Sie diesen leisen Wink auf und kochen Sie es für ihn. Wenn Sie es nicht tun, wird er sich möglicherweise fragen, ob er Ihnen wirklich etwas bedeutet. Neben diesen Zweifeln entsteht leicht auch Groll, und bald wird er unbewußt versuchen, Dinge, die Ihnen Freude bereiten, zu unterlassen. „Ich weiß, was du willst, aber ich habe keine Lust, es zu tun“, wird die traurige Antwort vieler Ehemänner.

Am Anfang müssen Sie vielleicht Ihre ganze Willenskraft aufbieten, um auf die Wünsche Ihres Mannes einzugehen. Aber denken Sie daran, gute Gefühle entstehen meistens aus liebendem Handeln. Wer weiß, vielleicht werden Sie sogar eines Tages das Spaghetti-Hühnchen-Gericht seiner Mutter mögen!

Schreiben Sie, als Zeichen Ihres guten Willens, mindestens zehn Dinge auf, von denen Sie wissen, daß sie für Ihren Mann wichtig sind. Planen Sie dann eines oder zwei pro Woche für ihn ein.

Eine vollständige und genaue Liste erhalten Sie am besten dadurch, daß Sie ihn fragen. „Liebling, ich möchte gerne herausfinden, welche Dinge für dich im Leben wirklich wichtig sind.“ Seine Antwort wird Ihnen vielleicht eine Liste liefern, mit der Sie bis an Ihr Lebensende versorgt sind.

Die dritte und häufigste Art, wie Ehefrauen ihre Mißbilligung äußern, ist, ihrem Mann zu widersprechen. Haben Sie jemals Mitleid mit einem Mann gehabt, der kaum ein Wort sagen konnte, ehe seine Frau nicht sofort mit Einwänden zur Stelle war. „Nein, so war es nicht. Es war so und so . . .“

Widerspruch ist für die meisten Männer schwerlich ein Anziehungspunkt. Niemand lebt gern mit einem Besserwisser zusammen.

Als Frank und Mary zur Eheberatung in mein Büro kamen, war sie bei weitem „motivierter“ als er. Sie antwortete nicht nur auf die ihr gestellten Fragen, sondern auch auf die Fragen, die ich an ihren Mann richtete. „Nun, Frank“, sagte ich, „wie sehen Sie diese Situation?“

Ehe Frank noch einen Ton herausbringen konnte, mischte sich Mary ein: „Er wird etwas über mich sagen, aber es wird nicht stimmen. Er übertreibt immer so.“

Bei Beratungsgesprächen werde ich selten einmal ärgerlich, aber diesmal begann ich innerlich zu kochen.

Ich fragte Frank: „Was ist Ihrer Meinung nach das Problem?“ Und Mary antwortete: „Ich glaube das Problem ist, daß er nie seine Zeit mit mir verbringt.“

Jedesmal antwortete Mary auf die Fragen, die ich Frank gestellt hatte. Selbst wenn er einmal für sich selber sprach, hatte Mary einen Gegeneinwand, der ihn beschämte. Einige verwirrende Fragen drängten sich auf. War die Frau taub? Hatte ich sie mißverstanden, als sie sich vorstellten – war ihr Name Frank und seiner Mary?

Dieses Problem deutet darauf hin, daß der Mann passiv und nicht mitteilsam ist. Wenn überhaupt eine Kommunikation zwischen ihnen zustande kommen soll, muß sie für ihn antworten. Doch nach einer Weile interpretiert er dieses Verhalten als Demütigung.

Mein Vorschlag wäre, wenn Ihr Mann zu diesem Typ gehört:

1. Richten Sie liebevolle und verständnisvolle Fragen an ihn, um ihn aus seiner Reserve zu locken.
2. Warten Sie, bis er sich selbst äußert.
3. Loben Sie ihn für jeden echten Vorschlag, den er von sich aus macht.

Überlegen Sie sich, auf welche Art Sie ihrem Mann in letzter Zeit widersprochen haben, und geloben Sie sich dies in Zukunft zu unterlassen. Jedesmal, wenn Sie versucht sind, ihm in Gegenwart anderer zu widersprechen, versetzen Sie sich in seine Lage und stellen Sie sich vor, in welche Verlegenheit Sie ihn damit bringen.

Geben Sie ihm zu verstehen, daß Sie seine Anerkennung brauchen

Judy war gern Lehrerin, da ihr Direktor sie regelmäßig für ihre Fähigkeiten und ihre Lehrmethoden lobte. Selten verging ein Tag, an dem sie nicht ein freundliches, ermutigendes Wort von ihm gehört hätte. Je mehr er ihre Arbeit lobte, desto besser schien sie zu werden.

Stellen Sie sich einmal vor, welche Wirkung ständiges Lob auf Sie als Hausfrau hätte. Sie würden sich jeden Tag mehr Mühe geben, damit Sie die Frau *sind,* von der Ihr Mann spricht. Sie hätten auch die Freiheit, ihn zu loben, wenn Sie seiner Anerkennung für Ihre Arbeit sicher sind. Schämen Sie sich nicht, sein Lob zu wünschen. Es ist nichts verkehrt daran, daß aufrichtiges Lob Ihnen Auftrieb gibt.

Norma hörte einmal mit an, wie eine Verkäuferin in einem Lebensmittelgeschäft jemandem erzählte, wie sehr sie ihren Beruf mochte, weil sie aufgrund der Freundlichkeit der Kunden das Gefühl hatte, anerkannt und gebraucht zu werden. „Und mein Chef und meine Kolleginnen sagen mir auch, daß ich gut arbeite“, sagte sie. „Ich bin viel lieber hier, wo ich anerkannt werde, als zu Hause bei meinem Mann. Selbst wenn ich ein Festsessen mit zehn Gängen auf den Tisch brächte, würde er es nicht bemerken. Aber wehe, wenn ich das Essen einmal nicht rechtzeitig fertig habe! Dann bekomme ich was zu hören."

Diese Frau hätte zugeben sollen, daß sie seine Anerkennung brauchte. Wenn eine Frau ihr Bedürfnis nach Anerkennung nicht zugeben kann, wird ihre Ehe leer und oberflächlich. Ihre Liebe und ihre Fähigkeit, auf ihren Mann einzugehen, werden verkümmern, und sie wird anfangen, Mauern um sich zu errichten, um ihren Mann auf Distanz zu halten. Eine Frau wird sich nie als die Ergänzung und Gehilfin ihres Mannes fühlen, wenn sie nicht *hört*, wie sie ihn ergänzt und ihm hilft (1. Mose 2,18).

Sagen Sie Ihrem Mann genau, *wann* Sie sein Lob brauchen. In etwa so: „Ich weiß, daß du eine glückliche Ehe haben willst. Möchtest du wissen, was du tun kannst, damit ich eine wirklich glückliche Ehefrau werde? Es wird dich gar nichts kosten, keine Energie – nur ein klein wenig Phantasie."

„Was denn?"

„Du kannst mir deine Anerkennung zeigen, indem du mich lobst für das, was ich bin, und für das, was ich tue. Zum Beispiel brauche ich dein Lob vor allem, wenn ich etwas Besonderes für dich koche oder wenn ich mir sonst mit irgend etwas extra viel Mühe gebe. Ich möchte einfach wissen, daß es dir Freude gemacht hat. Ich brauche deine Bestätigung."

Vielleicht können Sie Ihr Bedürfnis nach Anerkennung am besten erklären, wenn Sie es in Zusammenhang mit einer persönlichen Erfahrung Ihres Mannes bringen. Als ein Mann seine Frau fragte, warum sie nicht mit ihm in den Urlaub fahren wollte, antwortete sie: „Würdest du gerne mit deinem früheren Chef in Urlaub fahren?" (Er hatte gerade die Stelle gewechselt, weil sein Chef ihn immer scharf kritisiert hatte.)

Seine Frau erklärte ihm sanft: „Wenn du mich kritisierst, fühle ich mich so, wie du dich fühlst, wenn dein Chef dich kritisiert. Es verletzt mich, wenn du die guten Seiten übersiehst und nur hervorhebst, was ich vergessen habe, z. B.: ‚Das Salz steht nicht auf dem Tisch', oder: ‚Du hast die falsche Butter gekauft.' Obwohl wir beide einen Beruf ausüben, erwartest du von mir, daß ich das Abendessen mache, während du fernsiehst. Ich komme mir gar nicht mehr wie ein Mensch vor."

Das traf Dale so, daß er weinte. Nach sechs Monaten war er ein ganz anderer Mensch geworden. Er hat die Versuchung, sich zu beklagen, überwunden und kann nun dem Bedürfnis seiner Frau nach Anerkennung und Lob freimütig entsprechen.

Zeigen Sie Freude, wenn er Sie lobt

Die letzte Möglichkeit, Ihrem Mann Ihr Bedürfnis nach Anerkennung klarzumachen, ist, euch zu freuen, wenn er Sie lobt. Belohnen Sie ihn mit Freude und Begeisterung, dadurch erwecken Sie bei ihm den unbewußten Wunsch, Sie öfters zu loben.

Alle Menschen brauchen Lob und reagieren auf Lob. Es ist also nichts Verwerfliches, wenn man sich nach einem gelegentlichen „Schulterklopfen" sehnt. Zeigen Sie deshalb Ihr legitimes Bedürfnis, indem Sie auf ein Lob Ihres Mannes mit einer fröhlichen und strahlenden Miene reagieren. Dann wird er es das nächste Mal, wenn Sie Anerkennung brauchen, bestimmt nicht vergessen.

Zum Nachdenken

Lesen Sie Epheser 4,29. Überlegen Sie sich, mit welchen Worten Sie Ihren Mann ermutigen können. Dann überlegen Sie sich, durch welche Worte er verletzt wird, damit Sie diese künftig vermeiden können. Was aus unserem Munde kommt, sollte Segen bringen denen, die es hören.

13

Was Sie tun können, damit Ihr Mann Verantwortung für die Kinder und den Haushalt übernimmt

„Die Verheirateten sorgen sich darum, wie sie einander gefallen."
1. Kor. 7,33–34 (freie Wiedergabe)

Wenn Ihr Mann abends um 5 Uhr zur Tür hereinkommt, worauf steuert er da zu? Worauf freut er sich jeden Tag nach seiner Arbeit? Auf ein Nickerchen in seinem Sessel? Oder eine gute Stunde mit Bohrer und Säge in seiner Hobbywerkstatt?

Ist der Wunsch, daß er sich darauf freut, abends mit *Ihnen* zusammen zu sein, mit den Kindern und dem Haushalt zu helfen, wirklich so unrealistisch? Nein, das ist er nicht. Dieses Kapitel soll Ihnen helfen, Ihren Mann dazu zu motivieren, seine Beziehung zu Ihnen zu festigen, indem er die Verantwortung für Kinder und Haushalt mit Ihnen *teilt*. Mit anderen Worten, es wird Ihrem Mann helfen, künftig die Dinge *mit* Ihnen gemeinsam zu tun, anstatt sie Ihnen allein zu überlassen.

Der bedeutende Psychologe Dr. James Dobson sagt, seine eigentliche Arbeit im Leben begänne, wenn er abends nach Hause kommt – wenn er seiner Frau mit den Kindern hilft und durch sinnvolle Beschäftigung mit ihnen eine Beziehung zu ihnen aufbaut.

Ich würde mir wünschen, daß alle Männer, Ihr Mann eingeschlossen, sich mit einer der größten Herausforderungen und Verpflichtungen des Lebens identifizieren können – mit dem Familienleben. Im folgenden finden Sie vier mögliche Wege, wie Sie seinen Wunsch verstärken können, „sich der Familie anzuschließen".

Machen Sie ihm auf phantasievolle Weise klar, daß Sie seine Hilfe brauchen

Im allgemeinen versteht ein Mann nicht, daß seine Frau für Kindererziehung und Haushalt seine Hilfe braucht. Er versteht vielleicht auch nicht, wie seine Vernachlässigung dieser Pflichten Ihnen das Gefühl geben kann, ein „Einzelkämpfer" zu sein.

Wenn Ihr Mann Sie wirklich verstehen soll, dann müssen Sie ihm diese Dinge erklären. Viele Frauen schämen sich, ihrem Mann zu sagen, wenn sie körperlich erschöpft sind, weil sie seinen Spott fürchten. Ich beschrieb einmal in einem Vortrag zu diesem Thema die ungeheuren Strapazen, denen viele Frauen bei der Erziehung von kleinen Kindern standhalten müssen. Später sagte mir eine Zuhörerin, daß sie bei meinem Vortrag buchstäblich noch einmal den Schmerz durchlebte, den sie empfunden hatte, als sie ihre drei Kinder ohne die Hilfe ihres Mannes aufziehen mußte. Sie habe nicht nur unter ihrer körperlichen Erschöpfung gelitten, sondern auch unter seelischem Schmerz, wenn ihr Mann ihre Pflichten im Vergleich zu den seinen im „harten Geschäftsleben" herabsetzte.

Aufgrund der weitverbreiteten Vorurteile über die Hausfrauenarbeit, schrecken viele Frauen davor zurück, ihre Tätigkeit als Hausfrau zuzugeben. Sie fühlen sich als Märtyrerinnen oder als Bürger zweiter Klasse. Wenn ein Mann diese Einstellung bei seiner Frau findet, wird auch er anfangen, ihre Arbeit zu verachten. Seine sarkastischen, verbalen und nichtverbalen Äußerungen werden sie dann bald bis ins Innerste treffen und ihr Selbstwertgefühl ernstlich beeinträchtigen.

Sie müssen für Ihren Mann ein Bild von sich selbst malen, das die Grenzen Ihrer körperlichen Belastbarkeit und Ihre individuellen Bedürfnisse widerspiegelt. Sonst wird Ihr Mann vielleicht mehr von Ihnen erwarten, als Sie geben können. Geben Sie ihm auch ein Bild davon, was Sie im Haushalt und mit den Kindern den ganzen Tag über machen. Erzählen Sie ihm, wie oft Sie am Tag die Windeln Ihres Sohnes wechseln, die Kinder von der Straße scheuchen und hinter ihnen aufräumen. Geben Sie ihm eine Vorstellung davon, welche Strapazen und welchen Druck Sie aushalten müssen, da Sie wissen, daß Sie mit der Hausarbeit nie fertig sind. Öffnen Sie ihm die Augen für die Langeweile, die Sie empfinden, wenn Sie aufräumen und wieder aufräumen, waschen und wieder waschen, wischen und wieder wischen. Und erzählen Sie ihm, wie herrlich anstrengend es sein kann, auf Hunderte von Fragen zu antworten, die alle beginnen: „Mutti, kann ich mal ...?"

Während Steve Scott die täglichen Pflichten einer Hausfrau aufschrieb, sagte er zu mir, er sei aufrichtig betrübt darüber, wie blind er in den letzten neun Jahren für die harte Arbeit seiner Frau gewesen war. „Gary, ich kann sie das nicht alles allein machen lassen", sagte er. „Sie sagt mir das schon seit Jahren, aber bis jetzt habe ich nie verstanden, was sie eigentlich durchgemacht hat. Wenn ich zurückdenke, ist sie all diesen Verpflichtungen, die du erwähnt hast, nachgegangen."

Die größte Lektion meines Lebens lernte ich weder in der Schule noch auf der Universität, sondern zu Hause. In einer einzigen Lektion gewann ich ein tiefes Verständnis dafür, was meine Frau jeden Tag zu tun hat. Würde jeder Mann dieselbe Erfahrung machen wie ich, würden alle Ehefrauen zu Königinnen gekrönt werden. Worin bestand die Lektion? Meine Frau wurde operiert und mußte zwei Wochen im Krankenhaus bleiben. Während dieser Zeit kümmerte ich mich um unsere drei Kinder. Ich bereitete alle Mahlzeiten zu – alle 42, von den 42 Zwischenmahlzeiten wollen wir einmal gar nicht reden. Und ich unternahm den Versuch, die tausenderlei verschiedenen Haushaltspflichten in meiner „Freizeit" zu erledigen. Bald mußte ich feststellen, daß ich diese Zeit allein für die Kinder und oberflächliches Saubermachen brauchen würde. Ich konnte nicht einmal die Hälfte der Arbeit schaffen, die meine Frau normalerweise tut. Eines Tages fragte sie mich: „Bist du dazugekommen, den Wandschrank aufzuräumen?" Den Schrank aufräumen? Du liebe Zeit, ich hatte alles Mögliche in den Schrank hineingestopft, um es aus dem Weg zu haben. Einmal vermißte ich sogar eines der Kinder und fand es dann schließlich zwischen dem Basketball und der schmutzigen Wäsche wieder! „Liebling, ich habe nicht die Zeit gehabt, den Wandschrank aufzuräumen. Ich bin fix und fertig!" antwortete ich. All diese zusätzlichen Arbeiten, die sie zwischen ihren täglichen Pflichten noch irgendwo unterbrachte, machten mir klar, wie frustrierend und anstrengend Hausarbeit sein konnte, wenn man sie allein machen muß.

Sie wissen sicher, daß der Durchschnittsehemann am Sonntagmorgen aufsteht, sich anzieht, sich an den Frühstückstisch setzt und sich aufregt, wenn seine Frau nicht rechtzeitig für die Kirche fertig ist – während sie die Kinder versorgt und alles andere vorbereitet hat. Viele Männer haben das noch nicht einmal bemerkt.

Vielleicht sind Sie eine der wenigen Frauen, die alles so perfekt organisieren, daß sie ihren Haushalt ohne jegliche Hilfe völlig in Ordnung halten können. Ich weiß allerdings nicht, wie eine Frau das schaffen kann, sofern sie nicht alles andere im Leben vernachlässigt, um das Dienstmädchen der Familie zu werden. Es wäre viel weniger anstrengend, wenn Sie die Unterstützung Ihrer Familie gewinnen könnten. Versuchen Sie es einmal mit diesem einfachen Vorschlag: Machen Sie es zu einem Spiel für jedes Familienmitglied, daß er oder sie jedesmal beim Verlassen eines Zimmers einen herumliegenden Gegenstand aufräumt. Auf diese Weise muß niemand alles aufräumen, aber jeder räumt etwas auf. Und Sie ersparen sich die Frustration, jedesmal die Wohnung wieder in Ordnung bringen zu müssen, wenn Ihre Familie „hindurchgefegt" ist.

Ein anderer Vorschlag: Wenn Sie Ihrem Mann einmal Ihr Bedürfnis nach seiner Hilfe erklärt haben, bitten Sie ihn um Hilfe aufgrund seiner körperlichen Kraft und Ausdauer. Lassen Sie ihn wissen, wenn Sie seine Hilfe brauchen, um eine Kommode zu verrücken oder eine schwere Kiste zu heben. Sagen Sie ihm, daß Sie abends viel munterer wären, wenn er Ihnen bei Ihren vielen Aufgaben zur Hand ginge. Und teilen Sie ihm Ihre Bedürfnisse sanftmütig, und nicht drohend, mit.

Ein jungverheirateter Mann wies die Bitte seiner Frau, beim Abwasch zu helfen, schroff zurück. Das hielt er nun wirklich für unter seiner Würde. Seine Mutter hatte von seinem Vater nie so etwas verlangt. Außerdem war der Abwasch ja ihre Aufgabe. Er arbeitete den ganzen Tag und dachte, es sei sein gutes Recht, sich zu Hause auszuruhen. Er hatte seine Arbeit und sie hatte ihre. „Sie denkt wahrscheinlich, daß sie sich leicht vor ihrer Arbeit drücken kann, wenn ich zu Hause bin", dachte er. Aber er änderte seine Einstellung sofort, als seine Frau ihm erklärte, daß sie einfach mit ihm zusammen sein, mit ihm reden und seine Gesellschaft genießen wollte.

Wahrscheinlich hat Ihr Schwiegervater seiner Frau nicht im Haushalt geholfen. In diesem Fall wird Ihr Mann möglicherweise die Hausarbeit für unmännlich halten. Er mag befürchten, daß Freunde oder Verwandte ihn bei einer so schmachvollen Arbeit überraschen und daß er dann für den Rest seines Lebens als „Pantoffelheld" gebrandmarkt ist. Oder er bezweifelt ganz einfach, daß Sie wirklich Hilfe brauchen, wenn er sich an die Fähigkeiten seiner Mutter erinnert, alles im „Alleingang" zu bewältigen.

Ein Beispiel soll verdeutlichen, wie Sie in diesem Fall auf Ihren Mann eingehen können: „Liebling, ich möchte dir sagen, daß ich deine harte Arbeit wirklich schätze. Ich sehe ein, daß du wahrscheinlich nach einem schweren Arbeitstag keine große Lust hast, mir im Haushalt zu helfen. Aber wenn du manche Sachen *mit* mir zusammen tun könntest, könnte ich auch besser auf deine Bedürfnisse eingehen. Außer deiner konkreten Hilfe könnte ich dann auch deine Gesellschaft genießen. Ich bin so gern mit dir zusammen."

Wenn Ihr Mann nach solch einem sanften Vorschlag Ihnen nur zu verstehen gibt, daß Sie sich das klug ausgedacht hätten, damit er Ihre Arbeit tut, dann versuchen Sie es zu einem anderen Zeitpunkt noch einmal. Das ist die beste Gelegenheit, zwei Eigenschaften unter Beweis zu stellen, über die wir schon gesprochen haben – Mut und Ausdauer. Erklären Sie ihm immer wieder, mit Sanftmut und Phantasie, wie sehr Sie seine Unterstützung bei der Hausarbeit brauchen, besonders wenn Sie auch noch einen anderen Beruf ausüben.

Wenn ich zurückblicke, sehe ich jetzt, welchen Schaden ich in meiner eigenen Ehe angerichtet habe, indem ich von meiner Frau vieles erwartete, was sie gar nicht geben konnte. Ich „zwang" sie, die Grenzen ihrer körperlichen Belastbarkeit zu überschreiten, indem ich von ihr erwartete, mir bei der Gartenarbeit zu helfen, Möbel zu schleppen, schwere Kisten zu heben. Oft übertrug ich ihr noch zusätzliche Aufgaben zu ihrem sowieso schon übervollen Arbeitsplan, in dem Glauben, sie hätte eine Menge freier Zeit. Und um sicherzugehen, daß sie ihre Zeit auch nicht vertrödelte, spielte ich den Oberaufseher: „Norma, was hast du heute alles gemacht?" Wenn ich nur damals schon gewußt hätte, was ich heute weiß!

Ein guter Freund empfand dasselbe, als er kürzlich an die Zeit nach der Geburt seines zweiten Sohnes zurückdachte. Er war gleichgültig und wußte nichts über die Bedürfnisse einer Frau, so ließ er seine Frau zu früh nach einer sehr schweren Geburt all ihre üblichen Pflichten wieder übernehmen. In den nächsten drei Jahren litt sie unter starken Schmerzen, bis sie schließlich operiert werden mußte. Er sagte, er wisse nun, daß er ihr den körperlichen und seelischen Schmerz hätte ersparen können, wenn er ihr verständnisvoll geholfen hätte.

Denken Sie daran, Sie tun Ihrem Mann einen großen Gefallen, wenn Sie ihm helfen, Sie zu verstehen.

„Ihr Männer wohnt bei ihnen mit Vernunft und gebet dem weiblichen als dem schwächeren Geschlecht seine Ehre . . . und euer gemeinsames Gebet darf nicht gehindert werden.“ (1. Petrus 3,7)

Erklären Sie ihm, daß Ihre Kinder von seiner Hilfe profitieren

Viele Kinderpsychiater sagen, daß es für Kinder von grundlegender Bedeutung ist, daß sie zwischen ihren Eltern echte Liebe sehen. Man hat festgestellt, daß Kinder, deren Eltern sich innig lieben, weniger psychische und emotionale Probleme im Leben haben. Kinder, deren Eltern ständig streiten, können ihr Selbstwertgefühl verlieren und völlig aus dem seelischen Gleichgewicht geraten.

Es ist keine Lösung, die ganze Liebe auf die Kinder zu konzentrieren. Dr. Alfred A. Nesser warnt davor, die Liebe zu den Kindern zur Hauptgrundlage der Familie zu machen. Seiner Ansicht nach kann sogar eine langjährige Ehe in die Brüche gehen, wenn der Mann oder die Frau den Kindern mehr Liebe als dem Ehepartner entgegenbringt.

John M. Drescher schreibt in seinem Buch „Seven Things Children Need“ (Sieben Dinge, die Kinder brauchen): „Die Frau, die ihre Kinder mehr liebt als ihren Mann, gefährdet sowohl ihre Kinder, als auch ihre Ehe.“

Um Ihrer Kinder willen ist es überaus wichtig, daß Sie und Ihr Mann alles tun, um Ihre Liebesbeziehung zu festigen. Eine der besten Möglichkeiten, Ihre Liebe zueinander unter Beweis zu stellen, ist, zu Hause Dinge gemeinsam zu tun. Während Sie sich über die Gesellschaft Ihres Mannes freuen, werden Ihre Kinder ein gesundes Selbstwertgefühl entwickeln und die nötige Sicherheit bekommen, weil sie wissen, daß die Beziehung ihrer Eltern intakt ist.

Zeigen Sie ihm Ihre Freude über seine Hilfe

Wir haben schon mehrmals betont, wie wichtig es ist, durch Lob oder auf andere, indirekte Arten, seine Anerkennung zu zeigen. Die wirkungsvollste Methode ist vielleicht das „Sich-Freuen“, d. h. Anerkennung und Begeisterung durch den Gesichtsausdruck zu zeigen. Wenn Sie als Reaktion auf die Hilfe Ihres Mannes „strahlen“, erhöhen Sie dadurch nicht nur sein Selbstwertgefühl, sondern Sie spornen ihn gleichzeitig an, Ihnen auch in Zukunft zu helfen.

Ich habe von vielen Frauen gehört: „Wenn mein Mann im Haushalt hilft, macht er so einen Staatsakt daraus, daß ich es gleich selbst machen könnte." Diese Frauen vergessen eines: für ihn *ist* es ein Staatsakt. Er ist wirklich der Meinung, alles was er nach 5 Uhr abends macht, seien „Überstunden". Jedesmal, wenn er zu Hause eine (größere oder kleinere) Arbeit übernimmt, hält er sich wahrscheinlich für den besten Ehemann der Welt. Rauben Sie ihm diese Illusion nicht dadurch, daß Sie seine Hilfe herabwürdigen.

Meine Mutter hatte genau die richtige Art, mir das Gefühl zu geben, daß ich etwas Besonderes bin. Sie war seit vielen Jahren Witwe und brauchte oft meine Hilfe im Haushalt, weil sie den Lebensunterhalt der Familie verdienen mußte. Wenn ich aus der Schule nach Hause kam, stapelte sich meist in der Küche das schmutzige Geschirr vom Frühstück und Mittagessen. Manchmal beseitigte ich dieses Chaos, so gut ich es eben damals konnte. Wenn meine Mutter dann von der Arbeit nach Hause kam und alles aufgeräumt vorfand, strahlte sie über das ganze Gesicht. Dann legte sie mir die Hand auf die Stirn und tat dabei so, als ob sie mich für krank hielte. Nie kritisierte sie meine Arbeit, obwohl ich eine Menge von Wasser verspritzte und auch einige Teller zerbrach. Sie machte so viel Aufhebens von meinem kleinen Beitrag, daß ich sehr stolz auf mich war. Die Anerkennung, die sie mir zollte, lohnte die ganze Mühe.

Wenn Ihr Mann eine „große Sache" im Haushalt übernimmt, können Sie auf zwei verschiedene Weisen reagieren. Entweder stoßen Sie ihn zurück, indem Sie seine Fehler kritisieren, oder Sie ermutigen ihn, indem Sie das loben, was er gut gemacht hat. Liefern Sie Ihrem Mann keinen Vorwand, Ihnen in Zukunft nicht mehr zu helfen, – weder durch eine hochgezogene Augenbraue noch durch einen Laut der Mißbilligung. Wenn Sie zum Perfektionismus neigen, werden Sie ganz besonders viel Geduld aufbringen müssen, bis Ihr Mann gelernt hat, wie Sie etwas haben wollen. Nehmen Sie seine Hilfe an, wie auch immer sie aussehen mag, und korrigieren Sie erst später.

Und denken Sie daran: Es ist nie zu spät für eine Veränderung. Ein Ehemann hatte sich neunzehn Jahre lang geweigert, seiner Frau im Haushalt zu helfen. Eine persönliche Krise motivierte ihn dann dazu, sich in drei Monaten total zu ändern. Jetzt räumt er nach jeder Mahlzeit den Tisch ab und freut sich darauf, den Abwasch mit seiner Frau gemeinsam zu erledigen. Er hilft ihr auch bei der gesamten Wäsche. (Seine Frau hätte sich um viel gebracht, wenn sie auf ihrer besonderen Methode, Handtücher zu falten, bestanden hätte. Aber es machte ihr Spaß, es ihm immer wieder zu zeigen, bis er es schließlich gelernt hatte.)

Zeigen Sie ihm ein „männliches Vorbild“

Vor einigen Jahren verbrachte ich mit meiner Familie einen kurzen Sommerurlaub an einem See. Wir alle brauchten eine Erholung von den alltäglichen Belastungen, für eine Weile wollte die Familie „ganz unter sich“ sein. Doch aus dem Familienidyll wurde nichts. In unserem Urlaubsort begegnete ich einem Mann, dessen Beziehung zu seiner Frau mich so beeindruckte, daß ich von da an meiner Frau gerne mit den Kindern und dem Haushalt half.

Dieser Mann war ein sportlicher Typ, von Beruf Trainer, und ich hatte ihn seit geraumer Zeit aus der Ferne bewundert. Ich mochte alles an ihm, außer der Art, wie er seine Frau behandelte. Man hätte glauben können, sie sei eine Königin, so viel tat er für sie. Eine Woche lang sah ich ihm schockiert zu, wie er ihr half, das Essen zu kochen, den Tisch zu decken und wieder abzuräumen. Er bot seine Hilfe oft aus freien Stücken an und übernahm die Hauptverantwortung für die Kinder, anstatt alles ihr zu überlassen. Einmal schlug er seiner Frau sogar vor, ein Buch zu lesen, während er sich um die Haushaltspflichten kümmern wollte. Er hat mich ganz schön beschämt! Neben ihm kam ich mir als ein solcher Versager als Ehemann und Vater vor, daß ich am liebsten meine Sachen gepackt hätte und nach Hause gefahren wäre. Vielleicht denken Sie jetzt, seine Frau habe sich als der Boß gefühlt. Keineswegs. Offensichtlich liebte sie ihn aufrichtig und bewies ihm immer ihre Achtung. Sie behandelte ihren Mann so, wie ich von meiner Frau behandelt werden wollte. Aber ich wagte nicht, sie mit Norma zu vergleichen. Denn wie konnte ich denn etwas von ihr erwarten, wenn ich nicht selbst bereit war, so wie dieser Mann zu handeln?

Vielleicht war dieser „Hausmann“ gar nicht so dumm, wenn er sich eine Schürze umband und das Geschirr spülte. Als ich ihn und seine Frau beobachtete und ihre Liebe zueinander sah, wurde mir auf einmal klar, daß eigentlich ich der Dumme war. Wenn ich wollte, daß meine Frau mich so behandelte wie seine Frau ihn, dann würde ich etwas dafür tun müssen. Für das außergewöhnliche Beispiel dieses Mannes bin ich schon oft dankbar gewesen.

Vielleicht kennen Sie niemanden, der so ist wie er, aber halten Sie Ihre Augen offen nach einem Mann, den Ihr Mann respektiert. Wenn dieser Mann seine Frau so behandelt, wie Sie gerne behandelt werden möchten, dann versuchen Sie, öfters mit diesem Ehepaar zusammen zu sein, so daß Ihr Mann von seinem Beispiel profitieren kann. Aber drängen Sie *niemals* Ihren Mann, sich zu ändern, indem Sie ihn mit dem anderen Mann vergleichen. Glauben Sie mir, Ihr Mann wird sich viel eher ändern, wenn er das lebendige Beispiel seines Freundes *sieht*.

Geben Sie ihm eine Liste mit Vorschlägen

Manche Männer werden meinen nächsten Vorschlag gar nicht mögen. Aber für viele wird es hilfreich sein, wenn sie wissen, welche Aufgaben sie übernehmen können.

Meine Frau gibt mir oft eine Liste mit vier oder fünf Aufgaben, für die sie samstags oder abends meine Hilfe braucht. Sie achtet immer darauf, daß sie mich nicht mit zu vielen Dingen pro Liste belastet. Und sie erklärt auch immer Einzelheiten, die sonst unklar sein könnten. Zum Beispiel: „Ich habe den Türgriff, den du anmontieren solltest, im Laden nicht bekommen, deshalb mußt du ihn aus dem Katalog bestellen.“ Ich übernehme gern Handwerksarbeiten, aber vielleicht tut Ihr Mann das nicht. In diesem Fall sollten Sie keine Dinge auf die Liste setzen, die für ihn frustrierend oder unmöglich sind. Übertragen Sie ihm genug Aufgaben, damit er sie entlastet, aber nicht zu viele, damit er Ihrer nächsten Liste nicht mit Angst und Schrecken entgegensieht. Und vor allem, versuchen Sie, ihm Aufgaben zu geben, die er *mit Ihnen gemeinsam* erledigen kann.

Wenn Sie einmal eine Liste gemacht haben, machen Sie Ihren Mann darauf neugierig. Erklären Sie, wie seine Hilfe einen direkten Einfluß auf eine Verbesserung Ihrer Beziehung haben wird. Wenn er dann immer noch negativ reagiert, lassen Sie entweder das Thema für eine Weile ganz fallen oder verringern Sie die Anzahl der Aufgaben, bis er erkennen kann, welchen Nutzen seine Hilfe auch für ihn selbst hat.

Zum Nachdenken

Wenn Sie darum beten, daß Ihr Mann besser versteht, warum Sie Ihr ganzes Leben, einschließlich der Haushaltspflichten, mit ihm teilen wollen, denken Sie an die tiefe Bedeutung des Gleichnisses in Lukas 18,1–6. Wenden Sie sich mit einer ruhigen Haltung der Erwartung mit allen Bitten an Gott. Und zeigen Sie diese Haltung auch gegenüber Ihrem Mann.

14

Was Sie tun können, damit Ihr Mann Ihre materiellen Bedürfnisse gerne erfüllt

„Sorget nichts, sondern in allen Dingen lasset eure Bitten im Gebet und Flehen mit Danksagung vor Gott kund werden!“ Phil. 4,6

Das erste, was ein jungverheiratetes Paar lernt, ist vielleicht die Tatsache, daß zwei genauso billig leben wie einer – halb so lange. Den Lebensstil dem Einkommen anzupassen, ist in den ersten Ehejahren eine schwierige Angelegenheit. Oft entzündet sich daran ein Kleinkrieg, der unter Umständen sogar vor dem Scheidungsrichter enden kann.

Was für den einen eine Lebensnotwendigkeit ist, kann in den Augen des anderen ein überflüssiger Luxus sein. Vielleicht geht sie seit sie laufen kann einmal pro Woche zum Friseur. Und ihr modebewußter Ehemann hat vielleicht in den letzten fünfzehn Jahren seine Garderobe jeden Monat um ein Hemd und eine Krawatte bereichert. Schon haben wir den schönsten Streit um die 70 Mark, die am Ende des Monats noch in der Kasse sind. Er muß unbedingt ein neues Hemd und eine neue Krawatte haben, und sie weiß, daß sie zum Gespött der Leute wird, wenn sie nicht zum Friseur geht. Männer, deren Frauen nicht zur Arbeit gehen, denken häufig: „Es ist mein Geld“, und argumentieren: „Wenn ich in meinem Beruf anerkannt werden will, muß ich einen guten Eindruck machen.“ Derartige Bemerkungen können bei einer Frau zu Schuldkomplexen führen. Sie fängt an, sich schuldig zu fühlen, wenn sie etwas für sich selbst haben will. Das ist bekanntlich der Hauptgrund dafür, daß Frauen sich eine Stelle suchen. „Dann kann ich mein eigenes Geld verdienen.“ Aber selbst Frauen, die nur das Nötigste anschaffen, haben leicht das Gefühl, sie müßten über jeden Pfennig Rechenschaft ablegen.

Ihre Männer machen vielleicht bereitwillig ein paar hundert Mark für ein neues Spielzeug locker und stellen dann ihre Frau zur Rede, weil sie ein paar Mark mehr als sonst für Lebensmittel ausgegeben hat.

Da ihre Umgebung zu einem festen Bestandteil ihres Lebens wird, leiden Frauen sehr oft darunter, wenn ihre Wohnung nicht Ausdruck ihres persönlichen Stils, sondern nur Ausdruck ihres Geldbeutels ist. „Dieses Bild entspricht nicht meinem Geschmack, es entspricht nur meinen Finanzen." Die Lösung für dieses Problem besteht selbstverständlich nicht in einer ausschweifenden Einkaufsorgie, damit Ihre Wohnung aufs vollkommenste Ihre Persönlichkeit widerspiegelt. Aber Sie können sich die Freiheit nehmen, Ihre Wohnung nach und nach immer mehr nach Ihrem Geschmack zu gestalten. Das heißt nun nicht, daß Sie die Grundbedürfnisse Ihrer Familie vernachlässigen sollen, um Ihre Wohnung zu verschönern. Aber es ist möglich, daß ein Teil des Einkommens Ihres Mannes Ihren Bedürfnissen zufließen kann. Dieses Kapitel wird Sie mit dem Nötigen ausrüsten, damit Sie Ihren Mann dazu motivieren können, Ihre Bedürfnisse als Ehefrau, Mutter, Hausfrau und als Einzelperson freudig zu erfüllen. Schließlich ist die Sorgepflicht für die Familie ein biblischer Grundsatz (1. Tim. 5,8).

Im Laufe der Jahre haben sich besonders fünf Methoden bewährt, wie Frauen ihren Mann dazu motivieren können. Diese fünf werden nicht notwendigerweise auf alle Männer dieselbe Wirkung haben; Sie werden daher selbst entscheiden müssen, welche in Ihrem Fall die geeignetste ist. Häufig kann man die beste Methode nur dadurch ermitteln, daß man die Probe aufs Exempel macht.

Bringen Sie Ihre materiellen Bedürfnisse überzeugt und eifrig vor

Seit zwanzig Jahren war Carol „um den heißen Brei geschlichen", wenn sie mit ihrem Mann über ihre materiellen Bedürfnisse sprach. Wie viele andere Frauen fürchtete sie seine „inquisitorischen" Fragen. Ihr Mann hatte nämlich für solche Gelegenheiten eine ganze Liste von immer gleichbleibenden Fragen parat. Daraufhin hatte Carol sich angewöhnt, ihn mit einer immer gleichbleibenden Rechtfertigung auf ihren Wunsch vorzubereiten. Ihre Einleitungen waren alles andere als überzeugt, vielmehr glichen sie einem weinerlichen Betteln. Sie erinnerte sich jedesmal schmerzlich an ihre letzte „dreiste" Bitte und hatte Angst, eine neue vorzubringen. Ihr Mann reagierte für gewöhnlich mit geringem oder gar keinem Interesse.

Wenn er schließlich etwas Geld herausrückte, tat er es so widerwillig, daß sie sich noch schlechter fühlte. Aber zu guter Letzt hatte sie von ihrem Vorgehen und seinen Reaktionen genug und machte sich bewußt, daß sie schließlich ein ebenbürtiger Mensch mit eigenen Meinungen und Vorstellungen war, die genauso viel zählten wie die seinen. Daher beschloß sie, von nun an ihre Bedürfnisse direkt und überzeugt vorzutragen. Ohne vorherige Entschuldigung oder Erklärung sagte sie lächelnd zu ihm: „Liebling, ich muß für Tommy einen neuen Mantel kaufen. Es wird langsam kalt, und der alte ist kaputt. Ich brauche 100 Mark, denn ich will gleich heute einkaufen gehen."

Auf die Reaktion ihres Mannes war sie nicht gefaßt gewesen: „Oh, wunderbar. Danke, daß du dich darum kümmerst." Er gab ihr das Geld, ohne eine einzige Frage zu stellen. (Geld war für Ken nämlich kein Problem. Er hatte genügend, ging aber knauserig damit um.) Carol hatte nur ihr Anliegen mit Vertrauen und Überzeugung vorbringen müssen. Als Ken spürte, daß es sich um ein wirklich wichtiges Bedürfnis handelte, war er gern bereit, es zu erfüllen.

Viele Frauen stoßen auf weniger Widerstand, Kritik oder Fragen, wenn sie ihre Bedürfnisse ihrem Mann direkt mitteilen. Die direkte Methode versagt vielleicht bei einigen Männern, bei mir wirkt sie aber immer. Ich schätze wirklich die direkte, eifrige und logische Art und Weise, in der meine Frau die Bedürfnisse unserer Familie vorbringt. Das hebräische Wort für „tüchtig", mit dem die Frau in Sprüche 31,10–31 charakterisiert wird, enthält die Komponenten „Überzeugung" und „Einfluß".

Auch außerhalb der Familie mache ich immer wieder die gleiche Erfahrung. Wenn mir jemand erst eine lange Vorrede von Entschuldigungen hält, verliere ich stets das Interesse daran, ihm zu helfen. Seine Entschuldigung läßt seine Bedürfnisse im Vergleich zu meiner kostbaren Zeit als „zweitrangig" erscheinen. Sobald ich höre: „Mr. Smalley, ich würde gerne mit Ihnen reden, aber ich möchte Ihre Zeit nicht zu sehr beanspruchen", denke ich: „Ich bin wirklich zu beschäftigt, um ihm zu helfen." Wenn mich dagegen jemand mit Überzeugung und Nachdruck bittet, mir für ihn Zeit zu nehmen, bin ich meistens gerne dazu bereit. „Gary, ich habe ein schwieriges Problem und brauche einen Rat. Ich will gleich etwas unternehmen und weiß, daß Sie mir dabei helfen können. Haben Sie Zeit für mich? Es ist wirklich wichtig." Natürlich habe ich dann Zeit. Ich helfe solchen Leuten mit Freuden, weil ich weiß, daß sie an einer Lösung des Problems interessiert sind. Sie kommen, um mit mir zu sprechen, weil sie jetzt gleich eine Antwort haben wollen.

Hier kommt wieder die besondere Gabe der Frauen zum Zuge. Da Frauen ein wacheres Empfinden für Beziehungen haben, besteht aller Grund zu der Annahme, daß sie die konkreten Bedürfnisse ihrer Familie am ehesten erkennen. Und da die Männer dazu neigen, von ihrem Beruf ganz in Anspruch genommen zu werden, müssen sie daran erinnert werden. Erkennen Sie Ihre Stärke und lassen Sie Ihren Mann *sehen*, daß sie überzeugt und eifrig sind.

Der rechte Zeitpunkt und richtige Haltung sind für die Wirksamkeit dieser Methode ausgesprochen wichtig. Achten Sie besonders darauf, wie sich Ihr Mann gerade fühlt, ehe Sie die Sprache auf Ihre materiellen Bedürfnisse bringen. Vielleicht braucht er erst einmal Zeit, um sich auszuruhen, eine Dusche zu nehmen oder sein Jogging zu machen, bevor Sie dieses Thema anschneiden können. Wenn er zum Zuhören bereit ist, teilen Sie ihm Ihre Bedürfnisse und Empfindungen aufrichtig, aber nicht kritisierend, mit. Beschuldigen Sie ihn nicht, er sei zu gleichgültig. Vermeiden Sie vor allem, dabei wütend zu werden. Denn das könnte dazu führen, daß er sich auf seinen Standpunkt versteift und seine Haltung mehr denn je verteidigt.

Eine enthusiastische Haltung kann genau das Gegenteil bewirken. Wenn sich ein Mann von der Begeisterung seiner Frau anstecken läßt, wird auch er ihren Bedürfnissen Prioritätswert zubilligen. Wenn Sie sich bewußt machen, daß Ihre Bedürfnisse berechtigt sind und mit Nachdruck vertreten werden dürfen, werden Sie diese Begeisterung aufbringen. Ihr Mann wird den Unterschied bemerken und Ihr besonderes Bewußtsein für das, was im Augenblick gebraucht wird, anerkennen.

Appellieren Sie an seine Logik

Die meisten Männer wollen erst einmal alle Fakten genau kennen, ehe sie eine Entscheidung treffen. Darum ist es wichtig, daß Sie lernen, Ihre Bedürfnisse so auszudrücken, daß er es „verarbeiten" kann. Wenn Sie Ihrem Mann mitteilen wollen, daß Sie etwas brauchen, stellen Sie sich erst einmal selbst die folgenden Fragen:

1. Warum brauche ich es?
2. Welches ist das beste Produkt auf dem Markt?
3. Wo kann ich es am günstigsten kaufen?
4. Welche Folgen hat es, wenn ich es nicht jetzt gleich kaufe?

Warum brauche ich es?

Diese Frage wird Ihrem Mann helfen, den Nutzen der Anschaffung, die Sie machen wollen, zu erkennen. Selbst ein neues Kleid oder ein Termin in einem Kosmetiksalon kann für Ihren Mann und Ihre Familie eine positive Wirkung haben. Was auf den ersten Blick wie ein egoistischer Wunsch aussieht, kann oftmals für die ganze Familie von Nutzen sein. Wie ist das möglich? Fühlen Sie sich mit einer neuen Frisur nicht gleich viel besser? Und beeinflußt das nicht dann auch Ihr Verhalten gegenüber Ihrem Mann und Ihren Kindern? Sie müssen nur feststellen, warum Sie etwas Bestimmtes haben wollen, und welche positive Auswirkung es auf Ihren Mann und Ihre Familie haben würde. Dann stellen Sie diese Fakten in Ruhe und der Reihe nach dar.

Welches ist das beste Produkt auf dem Markt?

Selbst wenn Sie für sich entschieden haben, daß Sie unbedingt ein neues Sofa brauchen, können Sie Ihren Mann nicht sofort darauf ansprechen. Jetzt müssen Sie zuerst herausfinden, wie dieses Bedürfnis auf lange Sicht am preiswertesten erfüllt werden kann. Sie sollten sich für die Machart und Marke entscheiden, die auf die Dauer gesehen am günstigsten kommt. Das Billigste erweist sich oft im nachhinein als das Teuerste. So kann eine Couch für 1000 Mark sehr günstig erscheinen. Doch wenn sie so schlecht verarbeitet ist, daß sie nur zwei Jahre hält, kommt dieser Gelegenheitskauf auf umgerechnet 500 Mark im Jahr. Eine Couch besserer Qualität mag hingegen 1800 Mark kosten und sechs Jahre lang halten. Obwohl sie ursprünglich 800 Mark mehr gekostet hat, kostet sie umgerechnet schließlich nur 300 Mark pro Jahr. Das heißt nun nicht, daß Sie immer das Teuerste kaufen sollen. Vielen Anschaffungen werden schon durch Ihr Einkommen Grenzen gesetzt. Wenn Sie jedoch mit einer Anschaffung etwas warten und für den auf lange Sicht günstigsten Kauf sparen können, werden Sie dadurch Ihrem Mann ihre Umsicht und Geschäftstüchtigkeit beweisen. Und die Tatsache, daß Sie sich über die verschiedenen Produkte auf dem Markt informiert haben, wird ihn von der Dringlichkeit der Anschaffung überzeugen. Erkundigen Sie sich in verschiedenen Geschäften nach den besten Marken. Am Ende ist vielleicht eine Marke von vier oder fünf Verkäufern als die beste empfohlen worden.

Wo kann ich es am günstigsten kaufen?

In dieser Frage brauchen Sie wahrscheinlich keine Hilfe. Die meisten Frauen verstehen sich aufs Einkaufen. Das einzige, worauf ich in diesem Zusammenhang hinweisen möchte, ist, daß Ihr Mann wissen muß, daß Sie die Preise in *mehreren* Geschäften verglichen haben. Es macht auf mich immer einen großen Eindruck, wenn Norma mir zeigen kann, wie teuer etwas in drei oder vier Geschäften ist, und wie billig es im Vergleich dazu in dem Laden ist, wo sie es kaufen will. Ich weiß dann genau, daß sie sich nicht von einem Verkäufer etwas aufschwatzen ließ. Da dieses Vergleichen Zeit und Mühe erfordert, beweist es, daß meine Frau sich nicht impulsiv zu einem Kauf hinreißen läßt.

Welche Folgen hat es, wenn ich es nicht jetzt gleich kaufe?

Wenn Sie diese Frage erwägen, wird sich bald herausstellen, ob Sie eine Sache wirklich nötig brauchen. Durch sorgfältige Überlegung werden Sie möglicherweise zu dem Schluß kommen, daß Sie die Anschaffung gar nicht innerhalb des ursprünglich festgesetzten Zeitraumes machen müssen. Dadurch werden Sie von dem Zeitdruck befreit. Andererseits können Sie feststellen, daß es ernsthafte Folgen haben würde, wenn Sie eine Sache nicht sofort kaufen. Ein solcher Beweis würde jedem Ehemann die Dringlichkeit der Anschaffung klar machen.

Nachdem Sie alle vier Fragen beantwortet haben, sollten Sie Ihr Bedürfnis Ihrem Mann in logischer Reihenfolge auseinandersetzen. Wenn Sie nach eingehender Beschäftigung mit der Angelegenheit immer noch nicht wissen sollten, welches Produkt Sie kaufen oder wo Sie es erwerben sollen, dann beteiligen Sie Ihren Mann an dieser Entscheidung. Alles, was Sie zusammen unternehmen, wird Ihre Beziehung festigen.

Zeigen Sie Dankbarkeit, wenn er ein Bedürfnis erfüllt hat

Es gibt unzählige Möglichkeiten, wie Sie sich für die Erfüllung eines Bedürfnisses Ihrem Mann gegenüber dankbar zeigen können. Eine Frau brachte ihre Dankbarkeit zum Ausdruck, indem sie ein Möbelstück, das ihr Mann nicht ausstehen konnte, hinauswarf. Als er das Fehlen dieses Möbelstücks bemerkte, sagte sie ihm, sie habe es weggegeben, um ihm zu zeigen, wie dankbar sie dafür war, daß er ein bestimmtes Bedürfnis der Familie erfüllt hatte.

Stellen Sie Ihren Mann über Ihre Bedürfnisse

Jahrelang waren die materiellen Erwartungen meiner Frau eine Belastung für mich. Deshalb war meine Motivation, ihre Bedürfnisse ihren Wünschen entsprechend zu erfüllen, äußerst gering. Aber auf einmal schlug sie einen anderen Kurs ein. Fast jeden Tag zeigte sie mir ihre aufrichtige Anerkennnung. Materieller Besitz war zweitrangig geworden. Nach einem ganzen Jahr, in dem ich auf direkte und indirekte Weise ihre Anerkennung erfahren hatte, wurde mir endlich bewußt, daß sie mich für das liebte, was ich war, und nicht für das, was ich für sie tat. Bald ließ ich mir keine Gelegenheit entgehen, ihre Bedürfnisse und die der ganzen Familie zu erfüllen. Ich dachte nicht mehr daran, ihr die Möbel abzuschlagen, die sie sich schon jahrelang gewünscht hatte. Jetzt, da ich wußte, daß sie ihre Erwartungen nicht mehr auf die Möbel konzentrierte, wollte ich sie ihr gern freiwillig kaufen. Daraus wurde dann eine größere Angelegenheit, und wir gaben einige tausend Mark aus, um unsere Wohnung so einzurichten, wie sie es sich immer gewünscht hatte.

Ich habe Frauen getroffen, die in ihrer Beziehung zu Gott, zu ihrem Mann und ihrer Familie so glücklich sind, daß sie zufrieden mit dem leben, was sie haben. Ihr Motto lautet: Es kommt nicht darauf an, was man hat, sondern wen man hat.

Machen Sie eine „Wunschliste“ Ihrer materiellen Bedürfnisse

Dieser letzte Vorschlag mag auf viele Männer abschreckend wirken, aber für manche, wie zum Beispiel mich, ist ein „Wunschzettel" eine praktische Gedächtnisstütze. So eine Liste enthält die materiellen Bedürfnisse, die Sie gern innerhalb eines bestimmten Zeitraums erfüllt sehen möchten. Die einzelnen Wünsche sollten realistisch und für Ihren Mann mit seinem Einkommen im Verhältnis stehen.

Durch diese Art „Vorschau" wird Ihrem Mann die Belastung unerwarteter Ausgaben erspart. Ob Ihr Mann eine derartige Liste begrüßen würde, haben Sie sicher selbst im Gespür. Wenn Sie meinen, daß er daran interessiert sei, arbeiten Sie die Liste *zusammen* aus und ordnen Sie die einzelnen Wünsche in der Reihenfolge ihrer Priorität. Wenn Sie merken, daß Ihr Mann sich durch die Liste belastet fühlt, überarbeiten oder zerreißen Sie sie. Sie soll ja schließlich eine Hilfe, und keine zusätzliche Belastung sein.

Ich würde mir wünschen, daß alle Männer die Bedürfnisse ihrer Frauen in einer liebevollen Art und Weise erfüllen können. Ich bin fest davon überzeugt, daß Sie durch die praktische Anwendung der fünf Vorschläge Ihren Mann dazu motivieren können. Aber Ihre Liebe und Ihre Wünsche sollten sich auf Gott und auf Ihren Mann konzentrieren, nicht auf den Besitz materieller Güter. Nur *Beziehungen* schenken uns die Zufriedenheit, die ein Leben lang dauert.

Zum Nachdenken

Eine praktische Anwendung von Philipper 4,6–7:

1. Machen Sie eine Liste der wichtigsten materiellen Bedürfnisse.
2. Wenden Sie sich getrost und erwartungsvoll an Gott.
3. Erzählen Sie in einer dankbaren Haltung Ihrem Mann von dieser ernsthaften Gebetsliste.
   Geben Sie ihm zu verstehen, wie glücklich Sie wären, wenn Gott ihn so führen würde, daß er zur Erfüllung Ihrer Wünsche beitragen könnte.
4. Öffnen Sie sich dem Frieden Gottes und warten Sie, bis Er Ihre Bitten erfüllt, vielleicht und hoffentlich durch Ihren Mann.

15

Was Sie tun können, damit die Liebe Ihres Mannes zu Ihnen vertieft wird

„Wer da kärglich sät, der wird auch kärglich ernten; und wer da sät im Segen, der wird auch ernten im Segen.“ 2. Kor. 9,6

Tim sah Ruth über den Frühstückstisch hinweg an. Als er sie anblickte, schoß ihm ein schmerzlicher Gedanke durch den Kopf: „Ich empfinde keine Liebe mehr für sie. Warum bin ich nur mit dieser Frau verheiratet?“

Es liegt auf der Hand, daß Tims Schmerz nicht mit ein paar Tabletten gestillt werden konnte. Er litt an dem uralten Problem unrealistischer Erwartungen, der Vorstellung, seine Frau würde ewig so bleiben, wie sie mit zwanzig gewesen war, als sie heirateten. Aber sie hatte sich in den letzten acht Jahren verändert.

Die meisten von uns erwarten, daß ihr Partner seine anfängliche körperliche und emotionale Anziehungskraft für immer behält. Doch im Laufe der Zeit geschieht etwas Seltsames – wir verändern uns. Und wenn sich die Dinge an uns ändern, die unser Ehepartner früher so anziehend fand, dann müssen wir sie durch etwas noch Besseres ersetzen.

Selbst als Sie sich kennenlernten, kam seine Liebe nicht „aus heiterem Himmel“. Sie wuchs als Reaktion auf etwas, was er an Ihnen besonders mochte. Vielleicht war das Ihr Aussehen, Ihre Persönlichkeit oder die Tatsache, daß er sich in Ihrer Gegenwart wohl fühlte. Wenn Sie diese positiven Seiten verloren haben, kann aus seiner Liebe leicht Gleichgültigkeit geworden sein.

Während Ihrer Verlobungszeit waren Sie wahrscheinlich nur eine relativ begrenzte Zeit mit Ihrem Verlobten zusammen. Es war für Sie beide leicht, den Bedürfnissen und Interessen des anderen Vorrang einzuräumen, weil Sie es nicht vierundzwanzig Stunden am Tag tun mußten. Wenn Ihr Verlobter Ihre Interessen an die erste Stelle setzte und Ihre Bedürfnisse vor seinen eigenen berücksichtigte, waren Sie natürlich von ihm hingerissen, und umgekehrt genauso.

Nach der Hochzeit änderte sich dann alles sehr schnell. Jetzt waren

Sie nicht nur dann zusammen, wenn Sie beide in „Hochform“ waren. Allmählich wurden für Sie beide die eigenen Interessen wichtiger als die des anderen. Unter diesen Umständen dauerte es nicht lange, bis die große Liebe sich immer mehr abkühlte.

Und aus diesem Grund ist „die andere Frau“ so im Vorteil. Sie bietet Ihrem Mann die Anziehungskraft, die Sie in seinen Augen verloren haben. Sie kann leicht die tiefen romantischen Gefühle erwecken, die Ihr Mann eigentlich so gern für Sie empfinden würde. In der kurzen Zeit, die sie miteinander verbringen, können beide zeitweilig ihre selbstsüchtige Natur überwinden und sich von der besten Seite zeigen.

Was können Sie also tun, um Ihre innere Schönheit zu erhöhen, die sich in Ihren Augen und Ihrem Gesichtsausdruck widerspiegelt und Ihre Anziehungskraft entscheidend beeinflußt?

Lassen Sie das Feuer nicht ausgehen

Es gibt viele Möglichkeiten, wie Sie verhindern können, daß das Feuer erlischt. Ich weiß, daß Sie es gern sähen, wenn Ihr Mann als erster auf romantische Ideen käme, aber vielleicht müssen Sie für eine Weile selbst das Feuer entzünden. Selbst wenn Sie anfangen, einige der folgenden Vorschläge in die Tat umzusetzen, wird Ihr Mann sich vielleicht nicht von heute auf morgen wieder „bis über beide Ohren“ in Sie verlieben. Aber seine Gefühle für Sie werden sich allmählich ändern. Seien Sie also nicht überrascht, wenn Sie eines Tages aufwachen, und er derjenige ist, der *Sie* auf die Wange küßt. Machen Sie sich für die Zwischenzeit darauf gefaßt, daß er möglicherweise schockiert ist, Sie auslacht oder sogar negativ auf Ihre romantischen Ideen reagiert. Geben Sie ihm einfach zu verstehen, daß Sie ihn lieben und daß Sie versuchen, Ihre Liebe auf besondere Art und Weise auszudrücken. Die folgenden Vorschläge sind natürlich nur einige wenige von vielen. Es gibt wahrscheinlich Tausende von Möglichkeiten, wie Sie Romantik in Ihre Ehe bringen können. Ich hoffe, daß meine Vorschläge Sie zu eigenen phantasievollen Ideen anregen werden.

Machen Sie ihm manchmal eine besondere Freude

Hier können Sie Ihrer Phantasie freien Lauf lassen. Obwohl es unendlich viele Möglichkeiten gibt, wissen Sie ja genau, welche Dinge Ihrem Mann besondere Freude bereiten würden. Vielleicht sein Lieblingsessen bei Kerzenschein oder ein Wochenendausflug an einen Ort, den er besonders mag. Was auch immer Sie unternehmen, Sie können die Wirkung noch erhöhen, wenn Sie ein Kleid tragen, das ihm gut gefällt, oder sein Lieblingsparfum benutzen.

Wenn Sie von Zeit zu Zeit eine solche Abwechslung einplanen, zeigen Sie ihm dadurch, daß er für Sie etwas ganz Besonderes ist. Erwarten Sie nicht, daß er Sie sofort dafür lobt. Wenn Sie nicht aufgeben, wird er nicht unbeeindruckt bleiben und er wird Sie loben und zärtlicher lieben.

Ergreifen Sie manchmal die Initiative im sexuellen Bereich

Meistens ergreifen die Männer im sexuellen Bereich die Initiative; sie brauchen keine lange Vorbereitung, um erregt zu werden. Eine Frau dagegen muß liebevoll mit Zärtlichkeit und Romantik darauf vorbereitet werden. Wie sie auf ihren Mann eingehen kann, hängt von seinem ganzen Verhalten in den letzten Tagen oder Wochen ab. Obwohl Ihnen das klar ist, weiß Ihr Mann es vielleicht nicht. Selbst wenn es Ihnen unnatürlich vorkommen sollte, ist es wichtig, daß Sie gelegentlich die Initiative ergreifen, wenn Sie wollen, daß seine Liebe zu Ihnen vertieft wird.

Wenn Sie jahrelang herabgesetzt, gedemütigt, kritisiert oder unterdrückt wurden, ist das für Sie vielleicht sehr schwer. Viele Frauen sagen, daß sie sich wie Prostituierte fühlen, wenn sie mit ihrem Mann schlafen, ohne gefühlsmäßig darauf vorbereitet zu sein. Wenn eine Frau bei der sexuellen Liebe vollkommene Freiheit empfinden soll, muß sie sich mit Leib und Seele ihrem Mann geben können. Wenn sie dazu nicht in der Lage ist, weil er sie schlecht behandelt hat oder sie nicht genügend vorbereitet ist, ist es für sie so, als ob sie nur ihren Körper einsetze. Falls Sie Ihrem Mann gegenüber schon einmal ähnlich empfunden haben, mag Sie der Gedanke abstoßen, daß Sie rein aufgrund Ihrer Willenskraft die Initiative ergreifen sollen. Doch wenn Ihre Beziehung wächst und sich vertieft, wird es für Sie natürlicher werden, sich ihm ganz hinzugeben, und sogar auch einmal die Initiative zu ergreifen.

Wenn Sie das von Zeit zu Zeit tun, machen Sie von Ihrer Phantasie Gebrauch, um die Atmosphäre und Ihr Aussehen so anziehend wie möglich zu gestalten. Wie zum Beispiel durch Parfum, Kerzenlicht, zärtliche Worte und eine sanfte Berührung, um nur einiges zu nennen.

Sie und Ihr Mann werden am meisten Erfüllung finden, wenn Sie sich darauf konzentrieren, die Bedürfnisse des anderen zu erfüllen. Eine selbstlose, schenkende Haltung trägt am meisten zur Freude an der sexuellen Liebe bei. Ein Mann wird die größte Erfüllung erfahren, wenn er sich mit Leib und Seele darum bemüht, seine Frau zu erregen und sie zum Höhepunkt zu führen. Ebenso empfindet die Frau am meisten Erfüllung, wenn sie sich darauf konzentriert, ihrem Mann Freude zu schenken. Selbstsüchtiger Sex bringt Sie um die größte Freude.

Es gibt Dutzende, wenn nicht sogar Hunderte von Büchern darüber, wie man größere sexuelle Erfüllung erleben kann. Ich bin jedoch der festen Überzeugung, daß dies am besten möglich ist, wenn der Ehemann anfängt, Tag für Tag auf die emotionalen Bedürfnisse seiner Frau einzugehen. Alle Atmosphäre und alle Techniken der Welt können in einer vernachlässigten Ehefrau kein Feuer entfachen.

Bleiben Sie flexibel

Die meisten Frauen hätten es am liebsten, wenn ihre Tage genau nach Plan und ohne Überraschungen verlaufen würden. Pläne können als Richtschnur ganz nützlich sein, aber sie können auch zu unbeugsamen Tyrannen werden. Für manche Frauen ist der Tag ruiniert, wenn auch nur ein Punkt auf ihrer Tagesordnung geändert werden muß. Wenn ihr Mann dann nach Hause kommt, können sie an nichts anderes denken als: „Ich bin im Rückstand mit meinem Plan. Und wenn ich es heute nicht mehr aufholen kann, wird der morgige Tag noch schlimmer werden."

Wenn Sie sich eine Vertiefung Ihrer Ehe wünschen, ist es unerläßlich für Sie, flexibel zu werden. Nichts ist für Sie und Ihre Familie so wichtig wie eine gute, liebevolle Beziehung zu Ihrem Mann. Durch Ihre Flexibilität können Sie ihm zeigen, daß er etwas Besonderes für Sie ist, und das „Feuer" in Ihrer Beziehung in Gang halten. Wenn er nach Hause kommt und sieht, daß Sie bereit sind, Ihren Plan beiseite zu schieben und sich für ein Gespräch in aller Ruhe Zeit zu nehmen, wird er sich geschätzt und geliebt fühlen.

Manchmal komme ich spät abends nach Hause, nachdem ich mit einem Ehepaar oder zu einer Gruppe gesprochen habe. Es bedeutet für mich sehr viel, wenn meine Frau noch wach ist und mir einige Minuten lang zuhört, wenn ich ihr von dem Abend erzähle. Sie bringt gewiß ein Opfer damit, aber ich habe dann das Gefühl, daß ich wichtig bin, und es vertieft meine Liebe zu ihr.

Ich weiß, daß Ihr Arbeitsplan wichtig ist. Doch Sie müssen das richtige Mittelmaß finden und von Zeit zu Zeit ihre Prioritäten hintenanstellen, um Ihrem Mann und seinen Bedürfnissen besondere Aufmerksamkeit zu schenken. Das ist echte Liebe.

Halten Sie sich körperlich fit

Die größten Feinde der Gesundheit sind Mangel an Schlaf und falsche Ernährung. Wenn dazu noch ständiger Streß kommt, kann eine Frau leicht reizbar werden – und das wirkt nicht gerade anziehend.

Ob Sie es glauben oder nicht, Müdigkeit, Lustlosigkeit und Reizbarkeit können zum größten Teil durch regelmäßige körperliche Bewegung ausgeglichen werden. Ein Psychologe sagte mir, daß körperliche Bewegung nicht nur die Konstitution verbessere, sondern auch ein ausgezeichnetes Mittel gegen Niedergeschlagenheit und Depressionen sei.

Sorgen Sie für regelmäßige körperliche Bewegung, sei es Jogging, Radfahren, Gymnastik oder ein Fitneßtraining. (Fragen Sie Ihren Arzt, wenn Sie irgendwelche gesundheitlichen Probleme haben, und deshalb für Sie vielleicht einige Sportarten nicht in Frage kommen könnten.)

Gehen Sie mehr auf Ihren Mann ein

Ein Mann liebt eine entgegenkommende Frau. Ja, das Selbstbewußtsein eines Mannes hängt unmittelbar davon ab, wie andere auf ihn eingehen. Ein Mann wird deshalb denen seine Zuneigung schenken, die auf ihn eingehen, und sie denen entziehen, die das nicht tun. Es gibt mindestens zwei Möglichkeiten, wie Sie besser auf Ihren Mann eingehen können.

Seien Sie offen und zum Nachgeben bereit

Damit meine ich nicht das „Fußmatten"Prinzip der blinden Unterwerfung. Gott hat Ihnen einen Verstand und Gefühle gegeben, und es ist nicht nach Seinem Willen, daß Ihr Mann darauf herumtrampeln soll. Was ich meine, ist die Bereitschaft, für alles, was Ihr Mann sagt, *offen* zu sein. Die Bereitschaft, ihn ausreden zu lassen und ihm nachzugeben, wenn Sie das tun können, ohne Ihr eigenes Gewissen zu verletzen. Diese Art von Unterordnung ist kein Zeichen für Schwäche, sondern ein Zeichen für wahre Reife (Eph. 5,22).

Sie wissen, daß Ihr Kind erwachsen wird, wenn es beginnt, die Bedürfnisse anderer zu bemerken und zu berücksichtigen. Ebenso beweisen Erwachsene Reife, wenn sie bereit sind, zugunsten eines anderen nachzugeben. Ein Mann muß sich seiner Frau unterordnen, indem er ihre Gefühle und ihre einzigartige Persönlichkeit berücksichtigt, wenn er Entscheidungen trifft. Er muß manchmal bereit sein, ihren Wünschen nachzugeben. Je reifer wir sind, desto bereitwilliger können wir dem anderen nachgeben.

In einer Ehe geschieht diese Unterordnung nicht bei beiden Partnern gleichzeitig. Einer muß den Anfang machen. Wenn es Ihr Mann nicht tut, warum fangen dann nicht Sie damit an? Vielleicht wird er am Anfang ihre Unterordnung ausnutzen, aber am Ende wird er sich vielleicht von Ihrem reifen Verhalten anstecken lassen.

Hören Sie ihn in Ruhe an, ohne negativ zu reagieren

Hören Sie aufmerksam dem zu, was Ihr Mann sagt, *ohne* negativ darauf zu reagieren. Geben Sie sich nicht mit der oberflächlichen Bedeutung seiner Worte zufrieden. Stellen Sie Fragen und vergewissern Sie sich, ob Sie genau verstanden haben, was er eigentlich sagen will.

Versuchen Sie nicht, seine Gedanken zu lesen. Zu viele Frauen sind der Meinung, daß sie ihren Mann so genau kennen, daß sie schon im voraus wissen, was er sagen wird. Manche Frauen behaupten sogar, die verborgenen Beweggründe ihres Mannes zu kennen. Wenn Sie schon etwas vermuten, dann vermuten Sie hoffentlich, daß Ihr Mann reine Motive hat. Wenn Sie das tun, werden Sie viel weniger ablehnend sein und viel besser auf seine Äußerungen eingehen können.

Reagieren Sie nicht gleich, während er noch spricht, sondern überlegen Sie in aller Ruhe und merken Sie sich die positiven Punkte.

„Du bist einfach zu sentimental", sagte ein Mann, als seine Frau ihn um ein gelegentliches „ich liebe dich" gebeten hatte. Sie brauchte die Versicherung seiner Liebe, und diese Antwort war für sie wie ein Schlag ins Gesicht. Ihre zärtlichen Gefühle hatten durch seine Bemerkung einen Dämpfer bekommen. Wenn sie aus dem Kreis der gegenseitigen Kränkungen ausgebrochen wäre und sich die Zeit genommen hätte, seine Antwort genau zu überdenken, wäre es ihr von Nutzen gewesen. Sie hätte ihm sagen müssen, warum die Versicherung seiner Liebe für sie wichtig ist. Ferner hätte sie erkennen können, daß er die Sache von einem ganz anderen Gesichtspunkt betrachtete und daß er sie *nicht* verletzen wollte.

Wenn Sie auf Ihren Mann besser eingehen, indem Sie lernen nachzugeben, anstatt negativ zu reagieren, werden Sie damit sein Selbstvertrauen und sein Selbstwertgefühl erhöhen. Und dadurch wird seine Liebe zu Ihnen vertieft werden.

Lassen Sie Ihre Ehe nicht phantasielos werden

Die meisten von uns sind von dem Alltag nicht gerade begeistert. Wir stürzen uns auf das Ungewöhnliche, das Neue, das Unerwartete im Leben. So ist es kein Wunder, daß Routineehen in die Brüche gehen. Es gibt so viele Abwechslungen um uns herum. Wenn eine Frau jede Laune ihres Mannes und der Mann jede Laune seiner Frau voraussagen kann, wird es bald Schwierigkeiten in der Ehe geben.

Abwechslung ist die Würze des Lebens. Also bringen Sie etwas Würze in Ihre Ehe.

Ich jogge jeden Tag ein paar Kilometer, aber ich benutze nie an zwei Tagen hintereinander dieselbe Strecke. Ich will nicht, daß mein Jogging zu eintönig wird. Durch die Abwechslung bleibt es interessant. Dasselbe Prinzip gilt auch für Ihre Ehe. Sie wird nicht eintönig werden, wenn Sie in allen Bereichen – Essen, Gespräche, Unternehmungen, Verabredungen, Aussehen – für Abwechslung sorgen.

Eine der besten Möglichkeiten, die Phantasie in Ihrer Beziehung zu erhalten, ist, immer gut informiert zu sein. Fragen Sie Ihre Freundinnen, wie sie phantasievolle Abwechslung in ihre Ehe bringen. Lesen Sie Bücher und Zeitschriften über Themen, die interessanten Gesprächsstoff bieten. Meine Frau sorgt für soviel Abwechslung in unserer Ehe, weil sie immer liest, und besucht außerdem viel Kurse, z. B. über Ernährung, Kochen oder andere spezielle Gebiete. Sie hat anscheinend immer etwas Neues und Interessantes zu erzählen.

Bereinigen Sie, was noch zwischen Ihnen steht

In Kapitel 7 wurde aufgezeigt, wie wichtig es ist, die Angelegenheit zu bereinigen, wenn Sie Ihren Mann auf irgend eine Weise gekränkt haben. Vielleicht ist es nützlich, an dieser Stelle die diesbezüglichen Ausführungen noch einmal nachzulesen.

Jedesmal, wenn Sie Ihren Mann verletzt haben und die Sache nicht wieder bereinigen, treibt das einen Keil zwischen Sie beide. Nichts wird diesen Keil wieder entfernen, außer Ihrer demütigen Bitte um Vergebung. Schreiben Sie sich mindestens drei oder vier Dinge auf, mit denen Sie Ihren Mann in letzter Zeit verletzt haben. Bitten Sie ihn dann um Vergebung. Sie können sogar noch einen Schritt weiter gehen und ihn fragen, in welchen anderen Bereichen Sie ihn verletzen.

Sally hatte Angst davor, das zu versuchen, weil ihre Freundin total erschüttert war, nachdem sie ihren Mann gefragt hatte, was sie tun können, um eine bessere Ehefrau und Mutter zu werden. „Aber ich will es immer noch tun", sagte Sally, „weil ich gesehen habe, wie sehr die Ehe meiner Freundin dadurch verbessert wurde." Sallys Freundin hatte schließlich die Korrektur ihres Mannes angenommen. „Sie ist nicht mehr so herrschsüchtig und hat es gelernt, sich unterzuordnen", erzählte mir Sally, „und dadurch ist ihre Ehe viel besser geworden."

Den größten Schritt zu einer reifen Haltung tun wir vielleicht dann, wenn wir es lernen, Unrecht zuzugeben. Wenn wir einander demütig um Vergebung bitten, wird nur nicht die Kränkung beseitigt, sondern wir erwerben uns auch den Respekt des anderen. Was erfordert mehr Mut – ein Unrecht zu ignorieren oder es zuzugeben? Die einzigen negativen Reaktionen auf eine Bitte um Vergebung habe ich erfahren, wenn ich sie in einer anklagenden Haltung vorgebracht hatte. Wenn die anderen spürten, daß es mir nicht wirklich leid tat, reagierten sie mit Bitterkeit oder Zorn. Aber wenn sie bei mir ein aufrichtiges Bedauern spürten, schienen sie mich um so mehr zu respektieren. Nicht nur Gott wendet sich dem Demütigen zu – die anderen Menschen tun es auch (Jak. 4,6).

Bleiben Sie eine Herausforderung für Ihren Mann

Im Buch der Sprüche habe ich eine tiefe Wahrheit gefunden: „Wenn jemand hungrig ist, findet er fast alles süß; wenn er satt ist, findet er selbst an Honig keinen Geschmack“ (Sprüche 27,7 – freie Wiedergabe).

Welch eine treffende Aussage über die menschliche Natur – wir alle neigen dazu, uns das zu wünschen, was wir nicht haben können. Das, was wir uns einmal erobert haben, wird dagegen sehr schnell langweilig.

Vor der Hochzeit war es für Ihren Mann wahrscheinlich die größte Herausforderung, Sie zu gewinnen. Er bemühte sich um Sie mehr als um irgend etwas anderes auf der Welt.

Ein Mann setzt oft alles andere – Beziehungen zu anderen Menschen, Pläne, Beruf – an die zweite Stelle, um die Frau zu gewinnen, die er heiraten möchte. Leider fühlt er häufig nach der Hochzeit diese Herausforderung nicht mehr und vergräbt sich dann in seinen Plänen und seinem Beruf und schenkt den Beziehungen zu anderen Menschen mehr Aufmerksamkeit. „Ah, aber wenn ich jetzt die Unerreichbare spiele, wird er sich wieder um mich bemühen“, mögen Sie nun denken. Nein, das wird ihn nur frustrieren. Aber wenn Sie sich eine selbstbewußte Unabhängigkeit bewahren und ihm zeigen, daß er nicht Ihr einziger Lebenszweck ist, wird er sich wieder herausgefordert fühlen.

Bevor wir heirateten ging ich über einen Zeitraum von vier Jahren in sporadischen Abständen mit meiner Frau aus. Norma schien immer Zeit zu haben. Ich konnte sie kurzfristig um eine Verabredung bitten, immer war sie bereit, mit mir auszugehen. Ich konnte gut mit ihr reden und war immer gern mit ihr zusammen. Aber ich nahm Norma als eine Art Selbstverständlichkeit hin – vielleicht weil sie immer bereit war, wenn ich sie anrief.

Dann erfuhr ich eines Tages, daß sie sich auch mit einem anderen Mann traf. Aus irgendeinem Grund empfand ich auf einmal viel mehr für sie. Ich dachte, ich könnte sie verlieren. So bemühte ich mich mit allen Kräften um sie – bis wir schließlich vor dem Traualtar standen. Aber als wir dann verheiratet waren, war diese Herausforderung vorbei. Für uns beide setzte die Langeweile ein. Durch die Anwendung vieler der in diesem Buch beschriebenen Grundsätze konnten wir die Langeweile überwinden, und Norma ist bis auf den heutigen Tag eine Herausforderung für mich geblieben. Ich weiß, daß sie nicht einzig und allein von mir abhängig ist, um glücklich zu sein. Sie hat eine tiefe Beziehung zu Gott und erwartet letztlich ihre Erfüllung von Ihm (Ps. 61,1–2; Eph. 3,19–20).

Lassen Sie Ihre natürliche Attraktivität wirken

Vor einigen Jahren nahm ein Freund von mir an einer Freizeit für Studenten teil. Er war seit vier Jahren verheiratet und sehr engagiert in der Studentenarbeit. Auf der Freizeit kam ein sehr attraktives blondes Mädchen zu ihm, um bei ihm Rat zu suchen. Aus einer Gefühlsregung heraus legte sie die Arme um ihn, weil sie seinen Trost brauchte. Er sagte mir, daß er bis heute, sechs Jahre später, ihre sanfte zärtliche Umarmung nicht vergessen hätte. Er sagte auch, daß seine Frau früher so zärtlich und liebevoll gewesen sei, ihn in ihrer Ehe aber niemals so sanft umarmt hätte. Der eine Augenblick mit dem jungen Mädchen hatte einen tiefen Eindruck auf ihn hinterlassen. Er sagte, er habe sie niemals wiedergesehen, aber ihre sanfte Stimme und ihre zarte Umarmung habe er nicht vergessen.

Was ist aus all den liebenswerten Eigenschaften geworden, die Ihren Mann einmal zu Ihnen hingezogen haben? Vielleicht war das Ihre sanfte Stimme, Ihre Sanftmut, Ihre Fähigkeit zuzuhören, Ihre sprühende Persönlichkeit, Ihr wacher Verstand, Ihr Sinn für Humor – welche Eigenschaften auch immer die Person ausmachten, zu der er sich anfangs hingezogen fühlte. Sind einige dieser Eigenschaften im Laufe der Jahre verloren gegangen? Schreien Sie jetzt, um seine Aufmerksamkeit zu erlangen? Sind Sie zu beschäftigt, um ihm zuzuhören? Haben Sie Ihren Sinn für Humor verloren?

Die Unaufmerksamkeit Ihres Mannes mag der Grund dafür sein, daß Sie mit der Zeit einige dieser Eigenschaften verloren haben. Sie mag Sie dazu getrieben haben, zu schreien oder mit Gegenständen zu werfen oder ihn zu ignorieren. Aber wenn Sie seine Aufmerksamkeit wiedererlangen wollen, müssen Sie auf irgendeine Weise die speziellen Eigenschaften, durch die Sie für ihn attraktiv waren, wieder erwerben und an den Tag legen. (Eine andere Frau könnte für ihn höchstwahrscheinlich aufgrund derselben Eigenschaften attraktiv werden.)

Teilen Sie ihm Ihre Gefühle mit

Ihr Mann denkt vielleicht, er sei der liebevollste Mann, der je gelebt hat. Wenn er das nicht ist, wollen Sie es ihn dann lehren? Möglicherweise meint er, alles, was er Ihnen an Liebe zu geben bräuchte, sei, mit Ihnen ins Bett zu gehen. Aber Sie und ich wissen, daß nichts weiter von der Wahrheit entfernt ist. Wenn Sie über Ihre Gefühle sprechen, warten Sie auf den rechten Zeitpunkt und die richtigen Umstände. Erklären Sie ihm Ihre Gefühle so klar und logisch wie möglich. Wenn er darauf negativ reagiert, warten Sie auf eine andere Gelegenheit. Aber geben Sie nicht auf. Versuchen Sie nicht, ihn zu drängen, sondern erklären Sie ihm liebevoll und geduldig, was Sie empfinden.

Um Gefühle mitzuteilen, ist Ausdauer notwendig. Aber ebenso notwendig ist es, so darüber zu sprechen, daß Ihr Mann Ihre wahren Gefühle wirklich besser verstehen kann. Meiner Meinung nach können Sie Gefühle am besten durch bildhafte Vergleiche ausdrükken, die sich auf die Interessen oder Erfahrungen Ihres Mannes beziehen.

Einige Beispiele dafür:

- Ich fühle mich wie ein Wurm, mit dem man einen großen Fisch gefangen hat.
- Ich fühle mich wie ein Golfball, der nach einem großen Turnier unbeachtet liegenbleibt.

Zum Nachdenken

Überlegen Sie sich mindestens fünf Arten, auf die Sie das Leben Ihres Mannes und Ihre Ehe bereichern. Denken Sie an 2. Korinther 9,6.

16

Was Sie tun können, um der beste Freund Ihres Mannes zu werden

„Es ist nicht gut, daß der Mensch allein sei; ich will ihm eine Gehilfin machen, die um ihn sei.“ 1. Mose 2,18

Eines der wichtigsten Ziele dieses Buches ist, Ihnen zu helfen, der beste Freund Ihres Mannes zu werden. Wenn Sie dieses Ziel erreichen, werden sich einige der anderen schon besprochenen Ziele wie von selbst ergeben. Der beste Freund ist jemand, mit dem man alles teilen kann und mit dem man gern zusammen ist. Vielleicht trifft diese Beschreibung nicht auf die gegenwärtige Einstellung Ihres Mannes zu Ihnen zu – oder auf Ihre Einstellung zu ihm. Aber geben Sie die Hoffnung nicht auf. Dieses Kapitel soll Ihnen einige weitere Anregungen geben, wie Sie sein engster Freund werden können.

Machen Sie gemeinsame Erfahrungen

In drei Jahren habe ich mehr als dreißig Familien interviewt, die mit ihrem Familienleben äußerst zufrieden waren. Bei ihnen handelte es sich nicht um eine oberflächliche Zufriedenheit, sondern um tiefe Liebe untereinander und ein wirklich erfülltes Leben. Diese Familien kamen aus verschiedenen geographischen und sozialen Umfeldern, ihre finanzielle Situation reichte von sehr wohlhabend bis sehr bescheiden. Aber alle Familien hatten zwei Dinge gemeinsam, eines davon war der Sinn für Gemeinschaft. In jedem Fall bemühten sich der Mann und die Frau, keine unabhängigen Aktivitäten einzuplanen, die sie ständig voneinander oder von den Kindern trennen würden. Sie vermieden auch Betätigungen, die nicht zum Wohlergehen der ganzen Familie beitragen würden.

Sorgfältige Planung nahm in diesen Familien einen großen Stellenwert ein. Obwohl es einen gewissen Spielraum für individuelle Interessen gab, trug jedes Familienmitglied dazu bei, die Gemeinschaft zu fördern. Die Familie schien fast eine eigene „Person“ zu werden, die sich selbst erhielt und ihre eigenen Interessen wahrte. Es war bezeichnend, daß die Ehepartner eine gewisse Zeit für gemeinsame Unternehmungen zur Verfügung hatten, aber noch mehr Zeit mit ihren Kindern verbrachten. Wenn ein Familienmitglied eine individuelle Aktivität ausübte, bemühten sich alle anderen, ihn oder sie darin zu unterstützen. (Zum Beispiel ging die ganze Familie zu einer Sportveranstaltung, an der ein Familienmitglied aktiv teilnahm.)

Die andere auffällige Gemeinsamkeit all dieser glücklichen Familien war ihre Vorliebe für Camping. Meine Frau und ich hatten niemals ein großes Verlangen nach Lagerfeuern und Schlafsäcken verspürt, aber als ich entdeckte, daß alle dreißig „idealen“ Familien Camper waren, beschlossen wir, es auch einmal auszuprobieren.

Ich borgte mir eine Campingausrüstung, und wir machten uns auf die Reise von Chicago nach Florida. Am ersten Abend waren wir bis Kentucky gekommen. Es war ein wundervoller Abend und ich dachte: „Jetzt kann ich verstehen, warum das eine Familie verbindet.“ Wir saßen ums Lagerfeuer, unterhielten uns, sangen Lieder und brieten Würstchen. Gegen 9 Uhr waren wir angenehm müde und legten uns schlafen. In der Ferne zuckte ein Blitz, gefolgt von einem leisen Donnergrollen – es war wirklich romantisch!

Dann geschah es! Aus den sanften Grollen wurde ein ohrenbetäubender Donnerschlag; das Gewitter schien sich direkt über unserem Zelt zu entladen. Panischer Schrecken ergriff uns. Der Regen klatschte so heftig gegen unser Zelt, daß alles durchweichte und selbst unsere Decken tropfnaß wurden. Norma und ich waren starr vor Entsetzen, und sie schluchzte: „Glaubst du, es wird unser Zelt umwehen?“

„Bestimmt nicht“, sagte ich. „Aber es könnte weggeweht werden“, dachte ich im stillen.

Wer würde nach so einem Schreckenserlebnis noch an Camping denken? Wir tun es! Ja, wir haben sogar noch viel Schlimmeres erlebt. Es scheint, als ob einige der schlimmsten Katastrophen und Auseinandersetzungen unseres Lebens sich auf Campingfahrten abspielen. Und genau deshalb sind wir solche Campingfans geworden. Es kann dabei so viel schief gehen, daß eine Familie *gezwungen* ist zusammenzuhalten, um mit den Schwierigkeiten fertig zu werden. Die gute Seite am Camping ist, daß eine Familie gemeinsam die Schönheiten der Schöpfung bewundern kann. Und noch nach Jahren kann man sich an die gemeinsam erlebten tragischen und glücklichen

Ereignisse erinnern. Das Gefühl der Verbundenheit bleibt noch *lange* nach der Fahrt bestehen.

Am Anfang mag es für Sie schwierig sein, gemeinsame Unternehmungen mit der Familie einzuplanen, weil jeder schon selbst zu viele Verpflichtungen hat. Wenn Ihr Mann oder Ihre Kinder schon ein volles Programm haben, werden sie Ihre neuen Ideen nicht gerade mit Begeisterung aufnehmen. Oder vielleicht sind Sie selber auch zu erschöpft, um an so etwas zu denken. Aber Sie können sich Zeit dafür *nehmen*, wenn Sie es lernen, auch einmal nein zu sagen. Wenn Sie gebeten werden, an etwas teilzunehmen, das auf lange Sicht keinen Nutzen für Ihre Familie mit sich bringt, dann lehnen Sie einfach ab.

Oder sagen Sie, daß Sie zuerst mit Ihrem Mann darüber sprechen müssen. Wenn nötig, bitten Sie ihn, Ihnen Rückenstärkung zu geben und nein zu sagen.

Nicht jede selbständige Aktivität ist nutzlos oder schädlich für das Familienleben. Ihre Vorliebe für Antiquitäten und die Vorliebe Ihres Sohnes für Raupen stellen ein gesundes Gleichgewicht her. Es besteht kein Grund dazu, alle individuellen Interessen einzuschränken oder aufzugeben. Man muß nur das richtige Gleichgewicht zwischen Gemeinsamkeit und Individualität herstellen.

Doch sollte ein Familienmitglied nicht von einem anderen erwarten, an etwas teilzunehmen, was ihm zuwider ist. Auch sollte keiner versuchen, den anderen zu etwas zu bewegen, das gegen sein Gewissen verstößt. Es wäre falsch, sich gegen sein Gewissen zu etwas zwingen zu lassen, nur damit die Familie zusammenbleibt. (Das ist auch eine der wichtigsten Aussagen des 14. Kapitels des Römerbriefs.) Ebenso wenig sollte einer den anderen für etwas verurteilen, was er tut. Wenn Ihnen irgend etwas zuwider ist, sagen Sie ganz ruhig, daß Sie lieber nicht mitmachen wollen, ohne dabei den anderen zu verurteilen. Ich habe schon festgestellt, daß eine Frau von ihrer Familie um so mehr respektiert wird, wenn sie zu ihren Überzeugungen steht, ohne sich zum Richter über die anderen aufzuwerfen.

Bewältigen Sie Krisen gemeinsam

Dauerhafte Freundschaften entstehen in Krisensituationen. Nichts verbindet zwei Menschen mehr, als der gemeinsame Kampf gegen einen Feind. Praktisch jede Krise kann Sie und Ihren Mann näher zusammenbringen, angefangen von einem verstopften Abfluß bis zur Schwangerschaft Ihrer unverheirateten Tochter. Natürlich sucht sich niemand freiwillig eine Tragödie aus, aber wenn Sie ein Unglück trifft, können Sie ihre Ehe dadurch vertiefen, daß Sie gemeinsam mit der Situation fertig werden. Einer der bekanntesten amerikanischen Prediger berichtet, wie seine Familie durch ein tragisches Erlebnis zusammengeschlossen wurde. Er und seine Frau hatten die „typischen" Eheprobleme, und ihre Kinder im Teenageralter waren in der „typischen" Rebellionsphase. Ihr Familienleben war ganz angenehm, aber eine besondere Verbundenheit unter ihnen gab es nicht. Eines Tages kam die Frau nach Hause und verkündete zur allgemeinen Überraschung, sie sei schwanger. Niemand reagierte mit besonderer Freude. Alle meinten, das habe ihnen gerade noch gefehlt, ein Baby zu versorgen.

Kurz nachdem das Baby geboren war, wurde alles anders. Der kleine Junge wurde der Liebling der ganzen Familie. Von Anfang an war deutlich zu sehen, was für ein liebes, sanftes Wesen er hatte. Die Kinder liebten ihn so sehr, daß sie sich darum stritten, wer bei ihm Babysitter spielen dürfte.

Als er erst ein Jahr alt war, wurde er sehr krank und mußte eilig ins Krankenhaus gebracht werden. Die ganze Familie wartete in großer Sorge auf die Diagnose des Arztes. Der liebe kleine Junge hatte Leukämie Drei Tage und drei Nächte warteten alle in einem Raum, hielten Wache bei dem Baby, beteten und hofften, er würde am Leben bleiben. Am dritten Tag starb er. Schwer gebeugt gingen sie nach Hause, um ein neues Leben ohne ihn zu beginnen. Nie wieder würden sie einander für selbstverständlich nehmen. Sie würden immer eine tiefe Liebe füreinander und ein starkes Zusammengehörigkeitsgefühl empfinden. Ohne jeden Zweifel war der Tod des Babys die größte Tragödie, die jeder von ihnen je erlebt hatte. Aber aus diesem Erleben erwuchsen eine tiefe Liebe, eine enge Verbundenheit und große Wertschätzung für jeden einzelnen in der Familie.

Treffen Sie wichtige Entscheidungen gemeinsam

Es war der 4. Juli, und Norma und ich trafen Vorbereitungen für ein Picknick, als es zwischen uns zu einer heftigen Auseinandersetzung kam, die sich immer mehr steigerte. Nach einigen Minuten merkten wir, daß wir zu spät zu unserem Picknick kommen würden, so verschoben wir unseren Streit auf später.

Ich hatte genug von unseren ständigen Auseinandersetzungen. Es verging kaum ein Tag, an dem wir uns nicht stritten. Ich fragte Norma: „Wärst du bereit, einige Wochen lang etwas auszuprobieren?“ Sie willigte ein.

Was wir an jenem Tag beschlossen, hat ganz entscheidenden Einfluß auf unsere Ehe gehabt. Es zwang uns zu einem so tiefen Gedankenaustausch, wie ich ihn früher nie für möglich gehalten hätte, und half uns, den Standpunkt des anderen zu verstehen. Sechs Jahre sind seither vergangen, und es funktioniert immer noch, sogar besser, als wir jemals erwartet hätten. (Seitdem streiten wir uns auch nicht mehr.)

An jenem 4. Juli beschlossen wir, niemals in einer Sache, die uns beide betrifft, eine endgültige Entscheidung zu treffen, solange wir nicht beide derselben Meinung sind. Wenn wir uns nicht einigen können, ehe der Bus kommt, dann steigen wir eben nicht ein. Wir haben uns in allen möglichen Situationen an diesen Grundsatz gehalten. Es liegt uns beiden etwas daran, unsere Gefühle dem anderen ehrlich mitzuteilen, weil wir wissen, daß wir nichts tun können, solange wir uns nicht einig sind.

Ein Mann erzählte mir, wenn er diesen Grundsatz ein halbes Jahr früher angewandt hätte, hätte er nicht über 90000 Mark an der Börse verloren. Ich freue mich immer, wenn ein Mann bereitwillig zugeben kann, daß der Rat seiner Frau sehr wertvoll ist. Schließlich kennt niemand einen Mann besser als sein „bester Freund“.

Entwickeln Sie einen Sinn für Humor

Bei Klassentreffen erinnert man sich immer an die lustigen Erlebnisse in der Schulzeit. In der einen Ecke bringt Jack eine ganze Gruppe mit seinen alten Witzen von damals zum Lachen. Dort drüben bei der Bowle lacht Janet aus vollem Herzen, als sie an einen Streich erinnert wird, den man ihr früher einmal gespielt hat. Anscheinend haben wir alle mehr gelacht, als wir noch nicht verheiratet waren.

Als Ihr Mann Sie heiratete, waren Sie wahrscheinlich nicht traurig und humorlos. Wenn Sie also jetzt sein bester Freund sein wollen, müssen Sie vielleicht etwas Humor in Ihre Beziehung bringen. Dazu brauchen Sie sich kein Clownkostüm zu kaufen. Aber bringen Sie Ihren Mann ab und zu zum Lachen. Heben Sie lustige Zeitungsartikel oder Karrikaturen für fröhliche Stunden auf. Entspannen Sie sich und lachen Sie herzlich, wenn er einen guten Witz erzählt. Es gibt unzählige Möglichkeiten, Humor in Ihre Ehe zu bringen. Seien Sie bereit, Ihre ernsthafte Sehnsucht nach Romantik einmal beiseite zu lassen, und genießen Sie es manchmal, einfach wie zwei gute Freunde miteinander Spaß zu haben.

Lernen Sie Ihre eigenen Wesenszüge und die Ihres Mannes zu verstehen

Wir haben uns nicht alle unsere Charakterzüge erworben. Viele sind angeboren. Es gibt vier Temperamente, die unsere Persönlichkeit beeinflussen, und wir alle tendieren zu einem dieser Temperamentstypen. Nach Tim LaHaye kann man diese Persönlichkeitstypen folgendermaßen charakterisieren: Der Redner, der Führer, der Gesetzliche und der Unmotivierte. Wenn Sie Ihren eigenen Persönlichkeitstyp und dessen Wechselwirkung mit dem Ihres Mannes nicht verstehen, verursacht das unnötige Verletzungen und unnötige Mißverständnisse. Jeder Persönlichkeitstyp hat seine Stärken und seine Schwächen. Wenn Sie die Stärken und Schwächen der Persönlichkeit Ihres Mannes besser verstehen, können Sie auf seine Schwächen ausgleichend reagieren. Wenn Sie seinen Persönlichkeitstyp nicht verstehen, werden Sie leicht falsch auf seine Schwächen reagieren, wenn diese mit Ihren Schwächen kollidieren.

Zum Thema Persönlichkeitstypen gibt es so viel zu sagen, daß eine detaillierte Behandlung ein eigenes Buch füllen würde. Ich habe deshalb versucht, jeden Persönlichkeitstyp kurz zu charakterisieren und einige der Stärken und Schwächen aufzuführen.

Stellen Sie an Hand dieses einfachen Tests Ihren Persönlichkeitstyp und den Ihres Mannes fest. (Sie beide sind möglicherweise eine Kombination von zwei Typen.) Machen Sie in die entsprechenden Kästchen ein X für Ihren Mann und ein O für sich selbst. Der Test soll zeigen, daß jeder von uns eine ganz einzigartige Persönlichkeit hat und daß wir dazu *neigen*, jemanden mit entgegengesetzten Charakterzügen zu heiraten (jemanden, der uns ergänzt).

Die extrovertierten Typen

Der Redner

- ☐ *vorausblickend*
- ☐ *erfinderisch*
- ☐ *undiszipliniert*
- ☐ *charmant*
- ☐ *willensschwach*
- ☐ *ruhelos*
- ☐ *warmherzig*
- ☐ *freundlich*
- ☐ *unordentlich*
- ☐ *aufgeschlossen*
- ☐ *unproduktiv*
- ☐ *redselig*
- ☐ *unzuverlässig*
- ☐ *begeisterungsfähig*
- ☐ *auffällig/laut*
- ☐ *sorglos*
- ☐ *egozentrisch*
- ☐ *mitfühlend*
- ☐ *übertreibt gern*
- ☐ *großzügig*
- ☐ *ängstlich und unsicher*

Der Führer

- ☐ *kalt, mitleidslos*
- ☐ *entschlossen und willensstark*
- ☐ *insensibel und rücksichtslos*
- ☐ *unabhängig*
- ☐ *unfreundlich, jähzornig*
- ☐ *produktiv*
- ☐ *grausam, sarkastisch*
- ☐ *energisch*
- ☐ *nachtragend*
- ☐ *dünkelhaft*
- ☐ *weitblickend*
- ☐ *herrisch*
- ☐ *optimistisch*
- ☐ *eigensinnig, voreingenommen*
- ☐ *mutig*
- ☐ *stolz*
- ☐ *selbstbewußt*
- ☐ *schlau*
- ☐ *Führernatur*

Die introvertierten Typen

Der Gesetzliche

- ☐ *begabt*
- ☐ *melancholisch*
- ☐ *scharfsinnig*
- ☐ *pessimistisch*
- ☐ *perfektionistisch*
- ☐ *kritisch*
- ☐ *gewissenhaft*
- ☐ *streng, gesetzlich*
- ☐ *Sinn fürs Ästhetische*
- ☐ *empfindlich*
- ☐ *idealistisch*
- ☐ *rachsüchtig*
- ☐ *sensibel*
- ☐ *leichter Hang zu Verfolgungswahn*
- ☐ *aufopfernd*
- ☐ *reserviert*

☐ *treu*
☐ *selbstbezogen*
☐ *theoretisch, unpraktisch*
☐ *diszipliniert*

Der Unmotivierte

☐ *ruhig und still*
☐ *nachlässig*
☐ *bequem*
☐ *träge*
☐ *liebenswert*
☐ *Zuschauer*
☐ *diplomatisch*
☐ *egoistisch*
☐ *geizig*
☐ *zuverlässig*
☐ *trotzig*
☐ *konservativ*
☐ *auf eigenen Schutz bedacht*
☐ *praktisch*
☐ *unentschlossen*
☐ *keine Führernatur*
☐ *ängstlich*
☐ *trockener Humor*

Nur weil man zusammen lebt, wird man nicht automatisch der beste Freund des anderen. Sie müssen lernen, ausgleichend zu wirken, wenn Sie täglich mit den Fehlern und Schwächen Ihres Partners konfrontiert werden. Um sein bester Freund zu werden, brauchen Sie Ausdauer, Geduld, Verständnis, echte Liebe und all die Eigenschaften, die im Verlaufe dieses Buches diskutiert wurden. Wenn Sie die fünf Vorschläge des letzten Kapitels in die Tat umsetzen, wird sich die Freundschaft mit Sicherheit vertiefen.

Zum Nachdenken

In welchen besonderen Dingen sind Sie die Gehilfin oder Ergänzung Ihres Mannes (1. Mose 2,18)?

Überlegen Sie sich, was Sie noch tun könnten, um ihm zu helfen oder ihn zu ergänzen.

Schlußbemerkungen

Sie sollten nicht erwarten, daß über Nacht ein Wunder geschieht. Fast alles, was wirklich Wert hat, braucht seine Zeit. Die in diesem Buch dargestellten Grundsätze funktionieren, wenn sie mit Ausdauer und Liebe über längere Zeit hinweg angewandt werden.

Wenden Sie sich von ganzem Herzen dem Herrn zu und Sie werden erfahren, daß Er wahre Erfüllung schenkt (Luk. 11,9; Jak. 4,8).

Geraten Sie nicht in Panik und geben Sie nicht auf, wenn Sie einmal versagen. Am Anfang werden Ihnen noch häufig Fehler unterlaufen. Zum Beispiel werden Sie sich vielleicht dabei ertappen, daß Sie unbewußt „Du"-Aussagen an Stelle von „Ich-fühle"-Aussagen benutzen. Machen Sie sich darüber keine Sorgen. Man braucht eine gewisse Zeit, um seine Gewohnheiten zu ändern. Wenn Ihnen bewußt wird, daß Sie einen bestimmten Grundsatz nicht beachtet haben, merken Sie sich die Situation, in der das passiert ist, und nehmen Sie sich fest vor, das nächste Mal in einer ähnlichen Situation richtig zu reagieren. Mit der Zeit werden Sie feststellen, daß es Ihnen immer besser gelingt und daß Sie immer seltener versagen. Erliegen Sie nicht dem Trugschluß, Sie seien ein Versager, nur weil Sie manchmal versagen. Man ist nur dann ein Versager, wenn man alle Hoffnung aufgegeben hat und sich gar nicht mehr um ein Gelingen bemüht.

Möge Gott Sie segnen, wenn Sie sich nun darum bemühen, daß Ihre Ehe erfüllter und liebevoller wird. Vergessen Sie nicht, daß Er das für Sie genauso will wie Sie selbst (Joh. 15,11–13).

Gary Smalley

Entdecke deine Frau

Pb., 170 S.,

Nr. 399.065

ISBN 3-7751-9065-1

Für alle Männer, die mehr über ihre Frauen wissen wollen:
• Was Frauen an einem Mann bewundern • Wie Sie Ihre Frau von sich wegtreiben, ohne es zu beabsichtigen • Frauen möchten Trost, keine Belehrungen • u. v. m.